Große Lust auf ganz viel Glück

D1731581

SELF-FULFILLING MANAGEMENT®

Große Lust auf ganz viel Glück

Simone Langendörfer –
Botschafterin des Glücks

Bibliografische Information der Deutschen Nationalbibliothek
Die Deutsche Nationalbibliothek verzeichnet diese Publikation
in der Deutschen Nationalbibliografie; detaillierte bibliografische
Daten sind im Internet über http://dnb.dnb.de abrufbar.

© 2010 Simone Langendörfer
Umschlagdesign, Satz, Herstellung und Verlag:
Books on Demand GmbH, Norderstedt

ISBN 978-3-8391-7358-9

Alles ist gut. Der Mensch ist unglücklich, weil er nicht weiß,
dass er glücklich ist.
Nur deshalb. Das ist alles, alles!
Wer das erkennt, der wird gleich glücklich sein, sofort, im selben Augenblick.

FJODOR M. DOSTOJEWSKI

Nimm dir jeden Tag Zeit, still zu sitzen
und auf die Dinge zu lauschen.
Achte auf die Melodie des Lebens, die in
dir schwingt.

BUDDHA

Simone Langendörfer
ist Rednerin und selbständiger Erfolgs-coach. Sie spricht auf Kongressen, hält Master-Vorlesungen an verschiedenen Universitäten und ist ein gefragter Gast bei Expertenrunden und Podiumsdiskussionen. Sie ist Mitglied bei den „Premium Speakers" in der Schweiz und seit vielen Jahren in der Glücksforschung aktiv. Sie war psychologische Ratgeberin im Hörfunk zum Thema „Stressabbau". Sie war Gast im Hochschulradio der Universität Stuttgart zum Thema „Ängste und Stress im Beruf". Privatschulen und Internate engagieren Simone Langendörfer als Beraterin für ihren Führungsnachwuchs. Namhafte Unternehmer und Privatpersonen in Deutschland, Österreich und in der Schweiz schenken Simone Langendörfer ihr Vertrauen und lassen sich von ihr beraten.

Self-fulfilling Management® wird
auch Ihr Leben dauerhaft verändern.
Denn: Ihr Denken und Handeln beeinflussen
Ihr Glück und Ihren Lebenserfolg!

www.SELF-FULFILLING-MANAGEMENT.de

Inhalt

Vorwort von Hermann Scherer

Wir Menschen, so heißt es, verbringen oft die erste Hälfte unseres Lebens damit, fremdbestimmt zu leben und unsere Gesundheit zu opfern, um Geld zu verdienen. Und in unserer zweiten Hälfte geben wir dann unser Geld, das wir verdient haben, dafür aus, unsere Gesundheit zurückzugewinnen. Noch deutlicher mag es wohl mit der Suche nach dem Glück sein: Wir jagen ihm ein Leben lang nach, um dann am Ende unseres Lebens festzustellen, wie einfach wir das Glück gefunden hätten.

Dieses Glück ist ihr Thema, ihre Botschaft und ihre Passion. Und weil sie – wie ein guter Architekt – schon am Anfang den Aufbau, die Gestaltung und das Dach im Sinn hat, kann man Simone Langendörfer wohl tatsächlich als „Architektin des Glücks" bezeichnen. Wenn jemand ein Haus baut, dann kann er nicht einfach anfangen zu bauen, um dann zu sehen, wo er noch ein Zimmerchen dransetzen möchte. Das macht schließlich einen guten Architekten aus: dass er das Bild des fertigen Zustandes schon in seinem Kopf hat, und den Plan, bevor der erste Spatenstich begonnen hat. Und ebenso macht es einen besonders erfolgreichen und glücklichen Menschen aus, dass er nicht immer, aber bei signifikant wichtigen Dingen am Anfang schon weiß, was am Ende herauskommen soll.

All diese Qualitäten vereint Simone Langendörfer. Eine Frau, die den Menschen in ihren Coachings, Beratungen und Vorträgen zeigt, wie sie durch Visionen und Vorstellungskraft, neue Denkweisen und Veränderungen der Architekt des eigenen Lebens und des eigenen Glücks werden können.

Hermann Scherer, Unternehmen Erfolg
www.unternehmen-erfolg.de

Vorwort von Simone Langendörfer

Seit Jahren arbeite ich als Erfolgscoach, das heißt, ich coache Menschen zum Erfolg.

Über das erfolgreiche Coachen habe ich Vorträge geschrieben, die ich heute mit viel Leidenschaft und Begeisterung halte.

So habe ich begonnen, meinen Traum nach und nach in die Tat umzusetzen. Schon immer wollte ich, dass die Menschen glücklich und zufrieden sind und ihr Leben genießen können.

Auch ich war ein klassischer Leistungssklave, wie ich ihn in meinem Buch beschreibe.

Ich habe mit mir und unter mir selbst gelitten.

Das Sprichwort „Kein Mensch hat auf Erden einen schlimmeren Feind als sich selbst" habe ich über 30 Jahre erfolgreich gelebt.

Bis ich mein Leben radikal auf den Kopf stellte.

Ich gab meinen „sicheren" Angestelltenjob auf und fing ganz unten, also bei „null", an.

Vollkommen naiv katapultierte ich mich selbst aus der soliden Komfortzone meines Lebens in die unbekannte Risikozone, in der ein anderer Wind blies.

Mit diesem Abenteuer begann mein eigener Wandel vom fremdbestimmten Leistungssklaven zum Lebenskünstler.

Heute, wenn ich auf zehn Jahre Leben als Lebenskünstler zurückblicke, kann ich jeden verstehen, der ängstlich zu mir sagt: „Wenn ich mich heute verändere, dann weiß ich doch überhaupt nicht, was morgen auf mich zukommt ..."

Ja, genau! So ist es!

Menschen, die an ihrem Leid krankhaft festkleben, schicke ich nach der zweiten Coachingstunde mit einem freundlichen Lächeln wieder nach Hause.

Meine Mission, der ich mich verschrieben habe, lautet: Gib den Menschen die Kraft, sich von äußeren Zwängen zu befreien. Stärke ihnen den Rücken, wenn sie nach Sicherheit suchen, die sie immer nur in sich selbst finden können!

Vor zehn Jahren entschloss ich mich dazu, nach einem afrikanischen Sprichwort zu leben:

„Wage dein Leben und verlasse dein Haus!"

Es gibt immer Alternativen! Es gibt Lösungen!

Der einzige, der Sie am eigenen Glück hindert, sind Sie selbst!

Nach Jahren als Erfolgscoach kann ich stolz behaupten: Kein einziger Leistungssklave, den ich beraten habe, möchte wieder in sein altes Leben zurück. Keiner.

Wer die Freiheit einmal verschmeckt hat, und damit meine ich die innere Freiheit, der verändert sich vollkommen. Der sieht die Dinge anders, der muss niemandem mehr etwas beweisen.

Ist es nicht wunderbar, den Luxus zu leben, samstags in Ruhe durch die Kaufhäuser der Stadt zu bummeln und von sich sagen zu können:

„Mein Gott, all die herrlichen Dinge hier! Und ich brauche nichts davon!"

Die Kunst, die Einfachheit zu genießen, die Kunst, durch das Glück der anderen selbst glücklich sein zu können, die Gabe, seine Wünsche, Ansprüche und Bedürfnisse zu beschränken, und die Geisteshaltung, sein Glück nicht mehr im oberflächlichen „Spaß" und schnellen Vergnügen zu suchen, macht uns reich.

„Hänge dein Herz an kein vergänglich Ding", sagte Matthias Claudius.

Alles geht vorbei, das müssen wir uns immer wieder klarmachen, wenn wir uns verzweifelt an unser Geld, unser Auto, unseren Status, unseren Arbeitsplatz und an unsere Eigentumswohnung klammern.

Die Bankenkrise hat das Geld von vielen Menschen vernichtet, die jahrzehntelang jeden übrigen Cent gespart und in zweifelhafte Fonds angelegt haben. Die meisten Menschen sehen im Geld ihre Sicherheit – eine Täuschung, wie sich immer wieder herausstellt.

Ich habe mich eines Tages dazu entschlossen, ein Buch zu schreiben.

Denn in meinen Coachings fiel mir auf, dass es einen „Unglücks-mechanismus" gibt, nach dem fast jeder von uns lebt.

Wir sind sozusagen kollektiv auf „Unglück" programmiert.

Für uns alle wurde eine Software entwickelt, die uns immer weiter vom Glücklichsein wegbringt.

Das fand ich sehr beeindruckend.

Millionen Menschen tun unbewusst alles, um unglücklich zu sein. Blind und in bestem Glauben verhalten sie sich tatsächlich so, als wenn dieses Leben hier ein Probelauf wäre und das Beste dann noch irgendwann kommen würde.

Ich kann gut darüber reden, denn schließlich war ich auch einmal so programmiert.

Doch ich entschloss mich, die „Reset"-Taste zu drücken und mein altes Programm zu löschen.

Das war anstrengend und kostete eine Menge Energie und Kraft, doch das Ergebnis macht mich glücklich und zufrieden.

Warum haben sich die meisten Menschen scheinbar damit abgefunden, dass sie gelebt werden – vollkommen fremdbestimmt sind?

Ist das der wahre Sinn unseres Menschseins?

Wer hat uns diese Sichtweisen antrainiert?

Warum wird unsere Seele krank? Warum haben wir auch heute noch nicht den Mut, über unsere Ängste und Sorgen zu reden?

Für wen machen wir uns kaputt?

„Irgendwie" erahnen viele, dass dieses ständige etwas „tun" müssen unmöglich der Sinn unseres Lebens sein kann.

Wir sind auf der Suche nach „Ein-SICHT", nach SINN und „Er-FÜLL-ung" – wir suchen und bekommen keine Antworten. So richten wir unseren Fokus wieder auf unsere täglichen Zwänge – frustriert und unzufrieden bleiben wir in unserer Tretmühle gefangen.

Wir verwechseln diese Zwänge mit unserem Leben, doch wir spüren immer mehr, dass das wahre Leben so nicht sein kann.

Wir kämpfen verkrampft um unser Glück. Wir investieren unsere ganze Energie und Kraft in diesen „Lebenskampf", ohne zu verstehen, dass es gerade dieser Kampf ist, der uns unglücklich und unzufrieden macht.

Wir schimpfen über die zunehmende Gewalt und Kriminalität auf dieser Welt – und wir selbst gehen immer liebloser mit uns um, weil wir „mit Gewalt" glücklich sein wollen.

Die Menschen haben noch nicht begriffen, dass der Weg zu Glück, Erfüllung und Zufriedenheit ganz einfach ist.

Sokrates sagte, dass jeder Mensch die tiefe Wahrheit in sich kennt und sie sofort, wenn man ihn daran „erINNERt", wieder spürt.

• Also trägt jeder Mensch das dauerhafte Glück in sich.

Wenn ich in meinem Buch über „Glück" schreibe, dann möchte ich vorausschicken, dass es das eine, das fest definierte Glück nicht gibt.

Glück ist ein Oberbegriff für vieles. Glück ist so vielfältig, wie es die Menschen sind. Zwar suchen schon alle Menschen irgendwie das Gleiche und doch sucht am Ende jeder etwas Anderes.

Es gibt unzählige Arten von Glück.

Schauen Sie sich die Sprichwörter und Redewendungen an:

Ein begehrter Mann hat „Glück bei den Frauen", manche haben „Glück im Unglück", einige haben „mehr Glück als Verstand", jemand bewirbt sich bei seinem Traumunternehmen „auf gut Glück".

Jeden Tag sprechen wir über Glück. Wir wünschen uns zum Geburtstag viel Glück.

Wir beginnen ein neues Jahr, indem wir uns gegenseitig Glück und Erfolg wünschen.

Wir wünschen uns für die neue Arbeitsstelle viel Glück. Und wenn ein Kind geboren wird, wünschen wir ihm ein glückliches Leben.

Glück ist also ein zentrales Thema in unserem Leben.

Obwohl jeder diesen Begriff Glück für sich individuell beschreibt und definiert, so steht doch ohne Zweifel fest, dass es Grundbedürfnisse gibt, die alle Menschen für sich erfüllt sehen wollen.

Glück wird von uns allen gesucht.

Die Sehnsucht nach Glück macht viele Menschen süchtig. Die tägliche Realität zu ertragen, überfordert viele.

Suchtmittel werden als Hilfe gesehen, um einigermaßen überleben zu können.

Wie damals im Römischen Reich, als die Menschen immer satter und träger wurden, weil sie alles hatten und sich an nichts mehr erfreuen konnten, wollen auch die Menschen heute mit immer neuen Dingen unterhalten, „beglückt" und beschäftigt werden.

Spaß muss immer gewagter und verrückter präsentiert werden, was uns die Medien und Privatsender jeden Tag beweisen.

Die Menschen wollen gelockt werden. Mit Sensationen, mit Überraschungen und Highlights. Immer neue Erwartungen und Wünsche gilt es zu erfüllen. Das Leben soll „Spaß machen". Der Rausch der Sinne wird von Unzähligen gesucht.

Aber: „Glück und Unglück fahren in einem Wagen".

Was gerade noch Spaß und Vergnügen ist, kann morgen schon Peinlichkeit und Ernüchterung sein.

Enttäuschungen und Stumpfsinn sind vorprogrammiert.

Doch Enttäuschungen, Verluste und Rückschläge können immer auch ein Neubeginn sein, ein Weg zum Glücklichsein.

Viele Menschen sind mit der Bewältigung ihres Lebens vollkommen überfordert. Die Gestaltung des eigenen Lebens wird dabei vollkommen vergessen.

Im Prozess des eigenen Bewusstwerdens verlieren Äußerlichkeiten ihre ursprüngliche Macht.

Ersatzbefriedigungen verlieren ihren Reiz.

Zufriedenheit, Lebenslust und Sinnhaftigkeit nehmen immer mehr Raum ein.

Das dauerhafte Glück kann wahrgenommen werden und bleiben.

Lassen Sie mich mit einer schönen Geschichte mein Vorwort beenden:

Ein Meister erzählte einmal von einem Bauern auf dem Land, der geradezu versessen darauf war, immer mehr Weideland zu kaufen.

„Ich wünschte mir so sehr, ich hätte mehr Land", sagte er immer, wenn er mit den Leuten sprach.

„Wozu denn?", fragten ihn die Leute. „Du hast doch schon so viel Land, ist das noch nicht genug?"

„Hätte ich noch mehr Land, dann könnte ich noch mehr Rinder züchten."

„Ja, und? Was würdest du mit den vielen Rindern tun?"

„Verkaufen, und noch mehr Geld verdienen!"

„Wofür?"

„Um mehr Land zu kaufen und Rinder zu züchten."

Ich wünsche Ihnen viel Freude und nachdenkliche Stunden mit
Self-fulfilling Management®
und

VIEL GLÜCK!

Simone Langendörfer

Einleitung: Sind Sie glücklich?

Na ja, höre ich Sie jetzt sagen, manchmal bin ich glücklich, oft aber auch nicht.

Wer ist schon immer glücklich?

Und außerdem ist mein Leben so anstrengend. Wie bitte soll ich da auch noch glücklich sein?

Stimmt, diese Sätze höre ich jeden Tag.

Ich kenne sie alle, die professionellen Glücksverhinderer:

den genervten Unternehmer mit einer 60-Stunden-Woche, die gestresste Mutter, die den Haushalt, die Kinder, ihre Partnerschaft und ihren Job managen muss, die Sachbearbeiterin, die ihren Job hasst, jedoch gerade ihre Wohnung neu eingerichtet hat und nun ihren Kredit abbezahlen muss, den Geschäftsführer, der Jobs abbauen muss, um Kosten runterzufahren, und die erschöpfte Lehrerin, die am Ende ihrer Kräfte ist.

Ich habe mich in den vergangenen Jahren intensiv mit der Frage beschäftigt, warum es uns so schwer fällt, glücklich zu sein und ein erfülltes Leben zu führen.

SFM ist in diesen Jahren entstanden. Wir alle spielen mit bei dem großen Spiel: Ich bin der Glücklichste und ich zeige dir, dass du niemals so glücklich sein kannst wie ich!

In den letzten Jahren haben wir dieses Spiel immer mehr intensiviert und ausgebaut.

Dieses Spiel hat sich in den Unternehmen etabliert. Dort spielen wir die Variante: Wir sind die Erfolgreichsten und niemals könnt ihr so erfolgreich sein wie wir.

Daraus erwachsen sich so unglaubliche Kabinettstückchen wie in der jüngsten Vergangenheit, als die Herren Piech und Wiedeking von VW und Porsche ihr maßloses Ego-Spiel miteinander spielten.

Das Spiel wird in den Familien entsprechend weitergespielt. Dort heißt es dann: Wir haben die klügsten und erfolgreichsten Kinder und eure Kinder werden niemals so erfolgreich sein wie unsere.

In den Schulen spielen unsere Kinder das Spiel jeden Tag weiter. Die Lehrer schauen weg oder zu, je nachdem.

Dort heißt das Spiel: Mein Leben ist zwar beschissen, deshalb werde ich dich mobben, bis dein Leben genauso beschissen ist wie meins. Die Kinder spielen sich untereinander auf, sind außer Rand und Band, sind manchmal aggressiv, manchmal verzweifelt.

Viele Lehrer sind mit ihren Schülern überfordert. Doch zugeben würden sie es nie. Das Spiel muss weitergehen.

Wir sind begnadete Schauspieler, wenn es darum geht, den anderen zu suggerieren, dass wir alles spielend meistern, alles fest im Griff haben und mit den Herausforderungen des Lebens locker klarkommen.

Wir stricken Netzwerke, wir errichten eine künstliche Wohlstandswelt um uns herum, wir lächeln immer noch tapfer, auch wenn uns der Schmerz fast das Herz zerreißt.

Wir ignorieren körperliche Warnsymptome, wir rennen verblendet unseren materiellen Zielen hinterher.

Wir sind perfekte Schauspieler, wenn es darum geht, uns und anderen etwas vorzuspielen.

In meinen Coachings sehe ich den Schauspieler, wenn er abgeschminkt ist. Wenn er nackt und ohne Status vor mir sitzt.

Ich höre von den Ängsten. Ich erfahre von den schlaflosen Nächten. Es werden mir Krankheiten und seelische Verletzungen mitgeteilt, von denen oft nicht einmal die Lebenspartner etwas ahnen.

Wir alle spielen mit bei diesem Spiel.

Schüler und Studenten genauso wie der Direktor einer großen Bank. Wir alle haben die Regeln verinnerlicht. Zwar spüren wir intuitiv, dass dieses Spiel uns krank und unglücklich macht, dass es so nicht weitergehen kann, doch haben wir (noch) nicht den Mut, um nach Alternativen zu suchen.

Menschenführung ist keine Technik, die einfach so nebenbei erlernt werden kann.

Das tägliche Zusammenleben von unterschiedlichsten Menschen kann über Logik und Ratio nur bedingt geregelt werden.

Davon handeln meine Vorträge. Hier an dieser Stelle darüber zu sprechen, führt zu weit.

Unzählige Trainer und Consultants werden von den Unternehmen engagiert, um ihrem Management Führungsverhalten, Führungsstile und Führungstechniken zu vermitteln. Krisen- und Konfliktmanagement, Zeitmanagement und das gezielte Führen von Bewerbungsgesprächen werden trainiert.

Tonnen von Papier und Folien werden beschrieben und bemalt, um die Mitarbeiter fit für das Führen zu machen:

Vorbild sein, eine Signalwirkung ausstrahlen, in Rollenspielen Szenen aus dem Arbeitsalltag nachstellen, Videoaufzeichnungen von Gesprächen, die eigene Durchsetzungskraft steigern, Erlebnistraining mit Praxisbezug ... und, und, und.

Engagement wird immer vorausgesetzt. Eine positive Ausstrahlung auf Menschen, positive Gedanken und Kommunikationsfähigkeit werden geschult, Stärken werden gestärkt und Schwächen werden integriert.

Der Selbstwert soll gestärkt werden. Als Instrumentarium bietet man der Führungskraft das Mittel des Selbstmanagements an.

So sollen Konflikte elegant bewältigt und das noch verborgene Entwicklungspotential der zu führenden Mitarbeiter erkannt und ausgeschöpft werden.

Zeitmanagement wird trainiert: Prioritäten richtig setzen, Perfektionismus bekämpfen, Wichtiges von Dringendem unterscheiden, den eigenen Arbeitsstil zeitökonomisch verbessern, mit weniger Zeitaufwand mehr Erfolg erzielen, Störquellen-Analyse betreiben, delegieren und optimieren.

Scheinbar gibt es heute für alles das passende Seminar.

Doch mir ist aufgefallen, dass die meisten Führungskräfte und Mitarbeiter mit Koffern voller Aufzeichnungen und Unterlagen von einem teuren Workshop zurückkommen, daraufhin drei Tage lang extrem motiviert an ihr Tagwerk gehen, um dann, nach spätestens einer Woche genau den alten, herkömmlichen Trott weiterzuleben.

Haben Sie sich auch schon gefragt, ob sich die Investition in ein Seminar gelohnt hat, wenn die Menschen sich im Endeffekt doch nicht verändern?

Ich kann Sie beruhigen. Nahezu alle Mitarbeiter und Führungskräfte wollen sich verändern, doch sie können es schlichtweg nicht.

Es ist so, als wollten Sie Ihrer Katze das Bellen beibringen. Das können Sie auch jahrelang trainieren und danach sagt Ihre Katze immer noch „Miau" und nicht „Wauwau".

Menschen, die jahrzehntelang durch ihre Umgebung und Vergangenheit individuell geprägt wurden, können nicht plötzlich, quasi über Nacht, vollkommen andere Verhaltens- und Denkweisen an den Tag legen.

Natürlich können in einem Seminar Beispiele aus der Praxis nachgespielt werden.

Das ist gut für die Schauspielkunst der Mitarbeiter und Führungskräfte.

Bald schon werden jedoch die alten Blockaden und Widerstände die Führung über die Führungskraft in gewohnter Weise übernehmen.

So kommt es, dass die meisten Führungskräfte und Mitarbeiter äußerlich zwar dynamisch und gesund aussehen, innerlich jedoch eine Menge Erfolgsverhinderer mit sich herumschleppen, die ihnen selbst nicht einmal bewusst sind und sie daher lediglich 20 Prozent ihres vorhandenen Leistungspotential nutzen können. Es ist, als würde man ständig mit angezogener Handbremse fahren.

Um Sozialkompetenz und ein motivierendes Miteinander durch alle Führungsebenen hindurch in einem Unternehmen fest zu etablieren, braucht es ein neues, ein anderes Bewusstsein.

Jeder Einzelne muss die Bereitschaft mitbringen, den Blick auf sich selbst nach innen zu richten.

Alle Konzerne und alle Unternehmen sind auf der Suche nach belastbaren, kreativen, motivierten, gesunden, gut ausgebildeten Mitarbeitern, die sowohl eigenständig als auch im Team hervorragend arbeiten können und ihre neuen, Erfolg versprechenden Ideen tatkräftig einbringen.

Keiner stellt die Frage, wie eine Führungskraft Menschen anleiten und führen soll, wenn diese Person nicht einmal sich selbst führen kann, das heißt, wenn dieser Mensch mit sich selbst große Probleme hat, die er allein nicht in den Griff bekommt.

Jeder bringt seine Widerstände und Blockaden unbewusst mit an den Arbeitsplatz. Niemand fragt danach, keiner interessiert sich dafür.

Wichtig ist nur, dass die Menschen dem Unternehmen nützen. Sie sollen sich erfolgreich in das Unternehmen integrieren, wie Roboter, denen man ein Programm ins Gehirn implantiert hat.

Außerdem sieht uns keiner unsere Ängste, inneren Probleme und Unsicherheiten an.

Solange wir nach außen funktionieren, werden wir in Ruhe gelassen.

Seelische Schmerzen und persönliche Unreife können Sie auf Anhieb keinem Menschen ansehen.

Niemand hat verstanden, dass sowohl der Chef als auch die Mitarbeiter von ihrem Inneren manipuliert und kontrolliert werden.

Dies ist zu komplex, dafür wurden wir nicht ausgebildet und es würde auch von den Menschen verlangen, ihre Masken, die sie den ganzen Tag tragen, abzulegen.

Unser Inneres, unsere Seele, ist ein Terrain, um das wir uns noch nie besonders gekümmert haben. Zu viel darin ist für uns fremd und ungewohnt und so lassen wir die Finger davon, schauen weg und machen weiter wie bisher.

Seit Generationen werden wir zu Kopfmenschen erzogen. Wir werden als Kinder hübsch angezogen. Wir bekommen genug zu essen. Wir lernen, wie wir unser duales, rationales Denken schulen. Doch wer kümmert sich darum, wie sich unsere Seele entwickelt?

Erst wenn Menschen auffällig werden, wenn sie ernsthafte Anzeichen für seelische Erkrankungen zeigen, wird gehandelt.

Das möchte keiner wahrhaben – und doch ist es so.

Wir alle sind sensible Lebewesen. Egal, ob Mann oder Frau, wir versuchen zwar unser Innenleben vor den anderen zu verbergen und dennoch ist es maßgeblich daran beteiligt, ob wir in unserem Leben erfolgreich sind oder nicht.

Wir wurden zu Verstandesmenschen erzogen. Besonders ein Großteil der Männer hat Angst, sich ihren Gefühlen zu stellen.

Sie befürchten, die Kontrolle über sich und ihr bisher perfekt geplantes Leben zu verlieren.

Gefühle und Stimmungen wahrnehmen bedeutet, sich auf sich selbst einzulassen.

Über Gefühle und Ängste zu reden empfinden viele Menschen als peinlich und schwach.

Die meisten Männer und Frauen haben niemals gelernt, wie sie mit diesem konfusen Schmerz umgehen sollen, der in ihrem Inneren wohnt.

Daher sind viele überfordert, wenn sie in ihrem Leben mit Menschen konfrontiert werden, die nicht so funktionieren, wie sie es erwarten.

Ob im Privat- oder im Berufsleben bevorzugen es die meisten zu schweigen und sich zurückzuziehen, wenn Gefühlsangelegenheiten geklärt werden sollten.

Zwar haben wir für viele Probleme logische Lösungen in der Schublade liegen, doch für die unkontrollierbaren Ausbrüche von Gefühlen haben die meisten keine Bedienungsanleitung parat.

Ich habe mich in den letzten Jahren immer wieder gefragt, wie es möglich sein kann, dass unzählige Menschen in Unternehmen jeden Tag für ein gemeinsames Ziel arbeiten sollen, wenn jeder Einzelne für sich verbissen und verkrampft auf der Suche nach seinem persönlichen Lebensglück ist. Wie soll das funktionieren?

In Familien herrschen dieselben Voraussetzungen wie in den Unternehmen. Jedes Mitglied befindet sich auf der Suche nach seinem persönlichen Glück. Und jeder benutzt den anderen dazu, sein Glück zu finden.

Frauen benutzen Männer und Männer benutzen Frauen – unbewusst und ohne böse Absichten. Wir tun es einfach, weil wir so geprägt wurden.

Und so wirken wir auf unsere Kinder, die wir wiederum genauso prägen. So wiederholt sich der Kreislauf immer wieder und Generationen von Verstandes-Menschen, die sich kollektiv auf der Glückssuche befinden, gehen ihren verwirrten Weg.

Ich muss nicht extra erwähnen, dass derselbe Mechanismus von Entsozialisierung und Ausgrenzung auch in Kindergärten und an Schulen stattfindet.

Wir fördern ein krank machendes Konkurrenzdenken. Auf der Suche nach unserem persönlichen Glück werden wir zu wütenden Egoisten – natürlich ebenso unbewusst. Wir alle wünschen uns gesunde, glückliche und starke Kinder. Doch durch unser Verhalten bekommen wir das Gegenteil.

In den letzten Jahren wurde mir immer klarer, dass Glück ein komplexes Gebilde ist.

Je länger ich mit namhaften Partnern in der Glücksforschung zusammenarbeite, desto besser begreife ich, warum wir uns mit dem Glücklichsein so schwer tun.

Ich habe mit Unternehmern gesprochen, die neue, innovative Wege gehen.

Ich habe mit erfahrenen Professoren an verschiedenen Universitäten diskutiert, was es mit der positiven Psychologie auf sich hat. Ich habe mit Hirnforschern gesprochen, um herauszufinden, wie unser Gehirn auf glücklich sein konditioniert ist.

Ich habe in Berlin-Hellersdorf mit Pastor Bernd Siggelkow gesprochen. Er hat für Kinder die ARCHE gegründet und sorgt dafür, dass jedes Kind ein warmes Mittagessen bekommt. Ihn habe ich gefragt, warum es immer mehr unglückliche Kinder in unglücklichen Familien gibt.

Ich habe Glückskongresse und Symposien besucht. Ich habe unzählige Fakten zusammengetragen und ausgewertet.

Ich habe nach meinen Vorträgen mit vielen Menschen gesprochen und Meinungen aufgeschrieben.

Ich habe gelernt, wie wir Menschen in den Industrieländern ticken.

Aus all diesen Gesprächen und unzähligen individuellen Coachings hat sich SFM herauskristallisiert.

Mir wurde immer klarer, dass wir zwar alle den gemeinsamen Wunsch nach einem glücklichen Leben in uns tragen, doch auf der Suche nach

Wegen zum Glück verirren wir uns immer mehr, um am Ende des Tages zu erkennen, dass es viel zu anstrengend ist, glücklich zu sein.

Unser verwirrter Geist bevorzugt daher weiter die beliebten Verdrängungsmechanismen Arbeit, Sucht, Konsum, betäuben und flüchten.

Das Glück zu definieren ist schwer.

Jeder beschrieb mir Glück anders.

Für manche ist es ein kurzer, vergänglicher Augenblick, ein flüchtiges Gefühl. Für andere ein langfristiger Lebenszustand, voller Zufriedenheit und Sinn. Die Intensität von Glück kann unterschiedlich sein.

Glück und Freude gehören für uns zusammen.

Sind es die äußeren Lebensumstände, die unser Glück beeinflussen? Können Menschen unser Glück beeinflussen? Woher kommt Glück und warum geht es immer wieder?

Das Wort Glück wurde von uns in den letzten Jahren sehr strapaziert. In unzähligen Liedern wurde es besungen, in Kinofilmen wird immer wieder danach gesucht. Wir verlieben uns, um endlich glücklich zu werden. Wir übertragen die Aufgabe, uns glücklich zu machen, auf unsere Partner, die damit so gut wie immer überfordert sind. Viele Paare trennen sich frustriert, mit der Erkenntnis, dass es wieder mal der oder die Falsche war, und suchen fleißig weiter.

Und so fragte ich mich: „Ist Glück überhaupt von äußeren Umständen abhängig?“

In meinen Coachings ist mir aufgefallen, dass die Menschen genau das Gegenteil von dem tun, was sie glücklich machen würde. Und dass sie genau jene Dinge intensiv verfolgen, die sie vom Glück entfernen.

Das war und ist für mich paradox.

Es scheint so zu sein, dass viele Menschen auf das Glück wütend sind. Sie haben doch alles getan, um glücklich leben zu können, und doch stellt sich das Glück nicht ein.

Warum ist das so?

Was kann jeder von uns tun, um sein persönliches Glück zu finden und dann auch zu halten?

Natürlich wäre es schön, wenn wir nur ein paar einfache Dinge beachten müssten, und schon wären wir glücklich. Wie bei all unseren Wünschen sollte es schnell und einfach möglich sein, das Glück einzufangen.

Wenn wir etwas wollen, dann wollen wir es gleich und sofort.

Doch mit dem Glück ist das etwas Anderes.

Wie eine neue Sprache, eine neue Sportart oder wie ein neues Instrument, das wir erlernen wollen, müssen wir Glücklichsein trainieren.

Kontinuierlich und in kleinen Schritten können wir uns ein anderes Bewusstsein antrainieren.

Wir müssen mit offenem Blick durch unser Leben gehen und die Dinge erkennen, die uns vom Glück entfernen.

In meinen Coachings beschäftigen sich die Menschen mit SFM.

Egal, ob Hausfrau, Unternehmer, Verkäuferin oder Vorstandsvorsitzender – wir alle müssen in erster Linie unser eigenes Leben managen können, um erfolgreich und glücklich zu sein.

Wie wollen Sie als Führungskraft Menschen führen, wenn Sie selbst ständig vor sich selbst davonlaufen und sich vor Ihren Gefühlen fürchten?

Was nützt es einem Unternehmen, wenn es fachlich hervorragend qualifizierte Menschen einstellt, die jedoch große persönliche Probleme mit sich selbst haben?

Oder was soll eine Mutter ihren Kindern vorleben, die ihr eigenes Leben als große Belastung empfindet? Oder wie soll ein Singlemann eine geeignete Partnerin finden, wenn er sich selbst ablehnt und lieblos behandelt?

Wir alle wollen glücklich sein. Dazu ist es notwendig, in erster Linie sich selbst anzuschauen. Was bringen wir mit? Wo stehen wir uns selbst im Weg? Wo blockieren wir unser Glück? Wo befinden sich unsere persönlichen Glücksfallen?

Mit SFM lernen Sie, sich selbst zu managen. Dabei kommt es nicht auf Ihre berufliche Qualifikation und Ihren materiellen Reichtum an.
Dem Glück ist es egal, in welcher gesellschaftlichen Schicht Sie sich befinden.

Das ist das schöne und gerechte am Glück und an SFM – alle haben die gleichen Chancen. Jeder ist als Manager gleich qualifiziert. Jeder hat dieselbe Ausgangssituation.
Ich weiß, wie die meisten von uns abwinken, wenn sie hören, dass sie sich selbst anschauen, hinterfragen und verändern sollen.

Ich kenne sie alle, die Ausflüchte, die wir benutzen, um uns nicht unserem Schmerz stellen zu müssen. Die Arbeit, der Fernseher, die Hobbys, die Familie, sie alle müssen herhalten, um als Ausrede zu dienen.

Der wichtigste Schritt zu Ihrem eigenen, persönlichen, dauerhaften Glück ist Ihr eigener, innigster Wunsch, dass Sie wirklich glücklich sein wollen.

Wenn Sie diese Türe einmal für sich geöffnet haben, dann werden Sie sie nie mehr schließen. Dann werden Sie zu den Managern der Zukunft gehören, die niemals von Finanz- und Wirtschaftskrisen abhängig sind.

Beginnen Sie endlich das Leben zu führen, das Sie verdient haben! Machen Sie sich unabhängig von flüchtigen äußeren Glücksmomenten. Lernen Sie, wie schön es sich anfühlt, wirklich bei sich angekommen zu sein.
Glück zu fühlen und natürlich auch weiterzugeben macht reich. Dieser Reichtum kann Ihnen niemals genommen werden.

Das ist der wahre Sinn unseres Lebens. Wir müssen nur den ersten Schritt tun – alles andere kommt von allein.

Self-fulfilling Management®

Wohlstand, Reichtum, Bildung, Wissen = Glück?
Armut, Frustration, Perspektivlosigkeit, Ausgrenzung = Unglück?
Philosophen, Wissenschaftler, Hirnforscher, Professoren und Gelehrte, Ärzte, Religionsverfechter, Einsiedler, Heiler und Erleuchtete erzählen uns seit tausenden von Jahren Geschichten über das Glücklichsein.

Die Sehnsucht nach Glück und Zufriedenheit steckt in uns Menschen, seit es uns gibt.

Die Kernfragen, auf die wir Menschen bis heute keine Antworten kennen, heißen:

- **Gehören Glück und Leid zusammen?**
- **Gibt es ohne Leid kein Glück?**

Und:

- **Müssen Menschen leiden, um irgendwann glücklich sein zu dürfen?**
- **Warum ist glücklich sein für uns so schwer?**

Unzählige Menschen sind ständig auf der Suche:
Auf der Suche nach Geld, auf der Suche nach dem passenden Arbeitsplatz, auf der Suche nach dem richtigen Partner, auf der Suche nach Sinn und Erfüllung und natürlich auf der Suche nach Glück.

Zwar wünschen sich ausnahmslos alle Menschen ein glückliches, zufriedenes Leben, tun sich jedoch bei der Umsetzung, wirklich glücklich zu sein, oftmals sehr schwer.

Ich frage mich daher, welche Sehnsucht ist das genau, die die Menschen seit tausenden von Jahren in sich tragen?

Die Suche nach dem Glück meint das langfristige, dauerhafte Glück. Das Ziel des individuellen Glücks liegt in der persönlichen Zufriedenheit mit sich selbst und seinem Leben. Es soll ein allumfassendes Glück sein, ein ganzheitliches, das den Beruf und das Privatleben einbezieht.

Kommerzielle Glücksmomente täuschen uns und lassen uns immer unzufriedener werden.

Oberflächliche Vergnügungen und Spaß schüren die Leere und Unruhe in uns.

Sie wirken wir eine Art Narkose, um unseren inneren Schmerz weniger heftig spüren zu müssen.

In meinen Coachings sprechen die Leute oft davon, dass Glück zufällig in ihr Leben kommt, dass sie es nicht steuern können.

Ich jedoch bin der Meinung, dass es in unserem Leben keinen einzigen Zufall gibt.

Nichts fällt uns zu. Alles hat seine Bedeutung, seinen Sinn. Jedes Ereignis kommt dann sozusagen als Lernaufgabe in unser Leben, wenn die richtige Zeit dafür gekommen ist.

Bücher über emotionale Intelligenz, Sozialkompetenz und Empathiefähigkeit gehören inzwischen zu unserer Pflichtlektüre. Führungskräfte in innovativen Unternehmen setzen bei ihren Mitarbeitern heute voraus, dass sie dazu in der Lage sind, sich in andere hineinzuversetzen – in Kunden, in Kollegen, in unterschiedlichste Situationen.

Wobei die meisten Vorgesetzten dazu nicht als Vorbild mit Signalwirkung dienen, denn sie sind selbst oftmals nicht dazu fähig, Empathie vorzuleben.

Ich bin immer wieder beeindruckt, wie viele Menschen über Dinge reden, die sie selbst in ihr eigenes Leben überhaupt nicht integriert haben. Viele Führungskräfte stehen vor ihren Mitarbeitern und referieren über emotionale Intelligenz. Und genau diese Menschen haben keine Vorstellung davon, wie sie die eigenen, inneren Konflikte mit sich selbst lösen könnten, wie sie mit ihren ungefilterten, unkontrollierten Gefühlen umgehen sollen.

Genau diese Menschen versagen in ihrem Privatleben, bleiben stumm und ratlos zurück, wenn zum Beispiel die Familie auseinanderbricht oder der eigene Freundeskreis immer kleiner wird.

Man kann ihnen keinen Vorwurf machen, denn sie haben es nie gelernt.

Um sich in andere Menschen hineinfühlen zu können, müssen wir zuerst lernen, wie wir unsere eigenen Gefühle richtig deuten.

Und genau das lehnen die meisten Menschen vehement ab.

Mütter erziehen ihre Kinder nach ihren Vorstellungen, Chefs behandeln ihre Mitarbeiter, wie sie es für richtig halten, und Partnerschaften werden so geführt, wie die Menschen denken, dass Partnerschaften geführt werden müssten.

Jedoch fehlt diesen Menschen das Bewusstsein, dass sie selbst unzählige Blockaden, unverarbeitete innere Verletzungen und Widerstände mit sich herumtragen, die ein glückliches Leben erschweren, oft sogar verhindern.

Kinder auf ihren Weg in ein eigenes Leben gut vorzubereiten, Menschen in einem Unternehmen so zu führen, dass sie gerne jeden Tag an ihren Arbeitsplatz kommen und kreativ sein können, und Partnerschaften so zu leben, dass wir sie als Entwicklungschance für uns begreifen, das sind Aufgaben, auf die die Menschen nicht vorbereitet werden.

Sozialkompetenz erlernen wir nirgends.

In unseren Familien, in den Schulen, die wir besucht haben, in den Unternehmen, in denen wir uns heute wiederfinden, überall suchen wir nach Antworten auf unsere Fragen ...

Auch in unserem Privatleben soll uns der jeweilige Partner Antworten auf unsere unerfüllten Sehnsüchte geben, womit er jedoch normalerweise vollkommen überfordert ist.

Die Menschen sagen, es gibt verschiedene Formen von Glück. Ein glückliches Lachen, ein strahlendes Baby, ein Tag am Meer, ein Flow, wenn man mühsam einen Berg bestiegen hat und dann oben auf dem Gipfel angekommen ist, das glückliche Brautpaar, das gemeinsam seine Hochzeit plant, ein intimer Abend mit einem geliebten Menschen, ein beruflicher Erfolg, ein gesellschaftlicher Aufstieg ... und, und, und.

Sicherlich sind dies Momente, die uns glücklich machen. Es ist Glück, das von außen zu uns kommt. Es kann schnell wieder verflogen sein, es kann einige Minuten oder Sekunden dauern oder Stunden. Wir können dieses Glück nicht kontrollieren. Wir haben keinen Einfluss darauf.

Das Baby kann in den nächsten Minuten anfangen zu schreien, weil es Bauchschmerzen hat. Der Bergsteiger, oben auf dem höchsten Gipfel, kann in der nächsten Sekunde im Geröll ausrutschen und sich den Knöchel verstauchen.
Der intime Abend mit dem geliebten Menschen kann in einem Streit enden und ein beruflicher Erfolg kann morgen vorbei sein.

All dieses Glück ist durch uns nicht steuerbar.

Wenn ich vom Manager des Lebensglücks spreche, dann meine ich das dauerhafte Glück, welches Sie selbst beeinflussen können.
Das reine, echte Glück, das sich so warm und gut anfühlt, weil es aus Ihnen entsteht und in Ihnen lebt.
Dieses tiefe Gefühl, wenn man Frieden in sich spürt. Wenn man sich dem jetzigen Moment hingibt, keinen Widerstand gegen das Leben mehr leistet.
Wenn man dem eigenen Atem zuhört. Nichts mehr als negativ wahrnimmt, weil es nur in unserer Wahrnehmung eine Negativität gibt.
Wenn man diesen einen Moment einfach so sein lässt, wie er ist.
Weder positiv noch negativ, weder glücklich noch unglücklich.

Wenn das Leben durch uns hindurchfließt und wir uns nicht mehr dagegenstellen, weil wir Angst haben und dem Lebensfluss nicht trauen.

Dieses Gefühl und diese Ruhe können Menschen auch noch spüren, wenn sie traurig sind und weinen. Wenn sie vermeintliche unlösbare Probleme vor sich sehen, auf die es offensichtlich aus ihrer Wahrnehmung heraus keine Lösung gibt.

Menschen spüren diese Echtheit tief innen in ihrem Körper, wenn sie sich in die Stille zurückziehen und in sich hineinhören.

Sie sind mit sich selbst im Reinen und spüren den Halt in sich selbst.

Sie sind nicht mehr von äußeren Gegebenheiten abhängig.

Viele Menschen sind übrigens heute nicht in der Lage, zu einer inneren Ruhe zu kommen.

Zwar wissen sie, dass sie „mit sich selbst in Einklang" leben sollen, doch keiner sagt ihnen, wie sie das hinkriegen. Sie sollen Körper, Geist und Seele in eine Balance, ins Gleichgewicht bringen, doch wie soll das gehen, wenn sie keinen Kontakt zu sich selbst haben?

Wie soll ein gehetzter Manager Ruhe in sich finden, wenn ihm unzählige Gedanken durch den Kopf jagen? Wenn er im Geiste schon bei dem Meeting in einer Woche ist und sich den Text für das Einladungsschreiben überlegt, den er seiner Assistentin noch diktieren muss.

Wunderbare Theorie, die mit der gelebten Praxis nichts zu tun hat!

Viele Geschäftsreisende verfluchen die Stille in ihrem Hotelzimmer. Sofort nach Betreten des Zimmers wird der Fernseher eingeschaltet und stundenlang sinnlos durch die Programme gezappt, um bloß nicht mit sich selbst in Kontakt kommen zu müssen.

Schnell wird noch mal der Laptop aufgeklappt und kontrolliert, ob man nicht eine wichtige Mail verpasst hat.

Dankbar werden abendliche Essen mit Kunden angenommen. Alle

Formen der Ablenkung sind willkommen, um sich selbst aus dem Weg zu gehen.

Die wenigsten Menschen können sich vorstellen, dass ein Blick nach innen ihr äußeres Auftreten verändern wird.

Die meisten von uns müssen immer irgendetwas tun. Egal, was es ist, Hauptsache, wir sind mit etwas beschäftigt. Exzessiver Sport und suchthaftes „Arbeiten" sind die beliebtesten Verdrängungsmechanismen.

Damit schlagen die permanent unter Strom Stehenden gleich zwei Fliegen mit einer Klappe: Sie gelten bei anderen als fleißig und belastbar und sie tun dabei auch noch etwas für ihren Körper.

Wir alle geben immer 100 Prozent. Besonders stolz sind wir, wenn andere uns für unseren überdurchschnittlichen, selbstlosen Einsatz loben.

Viele Menschen sind davon überzeugt, dass sie sich ihr Glück „verdienen" müssen.

Dass sie sich schinden und quälen müssen, um Glück überhaupt fühlen zu können.

Teilnehmer meiner Workshops erzählen mir oft, dass sie es doch gar nicht verdient hätten, glücklich zu sein. Erfolgreich, ja klar, aber glücklich?

Sie sind mit eiserner Disziplin am Werk, planen ihr Leben und ihren Erfolg penibel weiter, um dann irgendwann mit einem heftigen Burnout ins Krankenhaus eingeliefert zu werden.

Der Manager des Glücks wird niemals verkrampft sein Leben planen, um sich Glück zu verdienen.

Seine Motivation liegt darin, gemeinsam mit den Menschen, die ihn lieben, den Weg zum Glück zu gehen. Um so einen ungeahnten Reichtum zu erfahren.

Die Menschen suchen nach Sinn – der Unternehmer genauso wie der Azubi oder die Großmutter.

Feste Lebensziele werden daher entworfen, geplant und stetig verfolgt. Beharrlichkeit und Ausdauer werden oft noch mit einer grenzenlosen Selbstüberschätzung (vor allem bei Männern, die vorwärtskommen wollen ...) und einem beziehungsfeindlichen Egoismus gepaart.

Wir kreisen ständig um uns selbst, um unsere Ziele realisieren zu können. Die meisten Ziele sind materieller Natur, so gut wie keine Ziele haben etwas mit unserer inneren Entwicklung zu tun. So bleiben wir uns selbst immer fremd.

Die meisten Menschen befinden sich in ihrer Lebensmitte, wenn sie damit beginnen, das Leben neben und hinter ihren gesteckten Zielen wahrzunehmen und zu erkennen.

Die Zukunft scheint wie eine Landkarte vor ihnen zu liegen und sie brauchen nur noch die richtige Navigation in Form von Geld und Wissen für ihr Leben und schon haben sie ihr Glück und ihre Zufriedenheit gefunden.

Wenn das so wäre, warum sitzen dann jeden Tag vollkommen erschöpfte Menschen in meinen Coachings, die in ihrem Leben alle wichtigen Ziele in Form von Besitz, Erfolg und Status erreicht haben? Warum können diese Menschen nicht einfach glücklich sein? Sie haben ihre geplanten Ziele doch offensichtlich erreicht?

Warum blockieren wir uns, wenn es doch unser größter Wunsch ist, in unserem Leben voranzukommen? Was haben unsere Gefühle, unsere Ängste und unsere unverarbeiteten Verletzungen und Kränkungen mit unseren heutigen Blockaden zu tun?

Warum scheint das alles so kompliziert zu sein? Warum brauchen wir Zusammenbrüche und Schmerzen, Krisen, leidvolle Erfahrungen und Umbrüche, um uns auf uns selbst zu besinnen?

Was bedeutet Rückbesinnung?

Lebenssinn kann nur dann entstehen, wenn wir unser eigenes, falsches Ich verlassen und zu uns selbst zurückkehren.

Das kann ein anstrengender und zeitweise mühsamer Weg sein.

Doch immer, wenn Menschen sich selbst gefunden haben, beginnen sie, von innen zu leuchten und zu strahlen. Sie sind wirklich frei.

Diese Menschen stechen aus der Masse der Suchenden hervor, wie leuchtende, einzigartige Diamanten und ziehen andere magisch an.

Ich habe in den vergangenen Jahre gelernt, dass Wohlstand, finanzielle Versorgung, Anerkennung in Form von Status, gesellschaftlicher Stellung, Auszeichnungen und Titeln noch kein Glück bescherten.

Der Lebenssinn scheint woanders verborgen zu liegen.

Glück und Lebenssinn zu finden schien bislang einigen Erwachten, Erleuchteten und schöngeistigen Philosophen beschieden zu sein.

Doch wie können ein gestresster Unternehmer, eine überarbeitete Angestellte, eine erschöpfte Hausfrau und Mutter, ein karriereorientierter Geschäftsführer, eine überforderte Lehrerin, ein Professor, eine allein lebende Rentnerin oder eine junge Auszubildende ihren eigenen Weg zu ihrem individuellen Glück finden?

Positives Denken? Sich weniger sorgen? Die Besten kopieren? Vorbilder suchen? Die Zukunft besser planen? Das Leben genießen?

Seminare besuchen?

Ich habe immer mehr erfühlt, dass kein Mensch dazu in der Lage ist, einen anderen zu motivieren, ihn zu etwas zu bewegen.

Es ist schlichtweg unmöglich, aussichtslos und vertane Zeit.

Nur Sie selbst können sich motivieren, glücklich zu werden und zu sein.

Dauerhaftes Glück kommt nicht einfach so von heute auf morgen in Ihr Leben.

Dauerhaftes Glück können Sie sich nach wie vor nirgends kaufen. Doch Sie bekommen es geschenkt! Ist das nicht wunderbar?

Jeder von uns ist der Manager seines Lebens.

Ein vielbeschäftigter Direktor muss die Niederlagen, Rückschläge und Herausforderungen seines Lebens genauso annehmen und verarbeiten wie eine junge, arbeitslose Verkäuferin.

Das Leben verschont keinen von uns.

Krisen, innere Verletzungen, Misserfolge und Leid gehören zu unserem Leben. Entscheidend ist jedoch, was wir daraus machen. Wie wir persönlich damit umgehen.

Verschiedene Lebenssituationen fordern uns heraus. Wir sollen lernen, wir sollen begreifen.

Die Menschen tragen diese große Sehnsucht nach Sinn und Glück ständig in sich.

Jeder, der bereit ist, zum Manager seines eigenen Lebens zu werden, wird die Bedeutung verstehen, die in der Einfachheit der Gegenwart verborgen liegt.

Lebenskunst hat nichts mit einer weißen Yacht im Mittelmeer, einer hohen beruflichen Position oder einem schicken Auto zu tun.

Lebenskunst, das ist die Lebensenergie in sich zu spüren, in persönlichen Krisensituationen den Mut zu haben, neue Wege zu gehen, sich seinem Schmerz zu stellen und eine eigene, individuelle Lebensqualität zu entwickeln.

Wo auch immer Sie sich jetzt in Ihrem Leben befinden, bedanke ich mich bei Ihnen für Ihr Interesse.

Self-fulfilling Management und ich möchten Sie gerne auf Ihrem Weg zu sich selbst begleiten.

Lebensmanager finden immer mehr Wegbegleiter. Die Anzahl der Menschen, die sich selbst kennenlernen und weiterentwickeln möchten, nimmt immer mehr zu.

Die Entwicklung vom unfreien Leistungssklaven hin zu einem sich selbst bewussten Lebenskünstler ist eine große Aufgabe.

Sie zeigt die gesamte Komplexität und Vielfalt von uns Menschen.

Wir sind Individuen, wir wollen glücklich sein.

Und das ist auch gut so!

Kapitel 1:
Warum sind wir nicht einfach glücklich?

Was hat sich in den letzten Jahrzehnten in unserer Gesellschaft verändert? Was hindert uns am Glücklichsein?

Auf den ersten Blick scheinen die Menschen in den Industrieländern alles zu haben, was sie für ein glückliches Leben brauchen.

Unsere Grundbedürfnisse sind befriedigt. Wir haben genug zu essen, das Trinkwasser ist sauber, Kleidung ist genügend vorhanden und wir haben mehr oder weniger alle ein Dach über dem Kopf und müssen nicht im Freien schlafen. Wenn wir krank sind, können wir uns von einem Arzt behandeln lassen. Wir alle durften und dürfen Schulen besuchen und haben die Chance auf Bildung.

Wunderbar! Wir sind alle gut versorgt. Wir leben materiell auf einem hohen Standard.

Wir müssten normalerweise vor Glück strahlen und voller Dankbarkeit unser Leben genießen!

Und doch sehen die Gesichter, in die wir jeden Tag schauen, alles andere als glücklich aus. Verkrampfte Autofahrer, gestresste Mütter, frustrierte Menschen, unhöflich und unfreundlich. Verbissen und mit starrem Blick immer das eine Ziel vor Augen: Geld verdienen – erfolgreich sein – Ziele erreichen!

Überall herrscht eine mehr oder weniger gereizte Stimmung. In den Straßenbahnen, in den Büros, in den Läden, auf der Straße und in den Schulen. Alle haben es immer eilig, ein Lächeln ist unmöglich! Alles muss schnell erledigt werden. Zeit ist Geld. Und Geld bedeutet Wohlstand und Leben ...

Verrückt!

Die Essenz einer Gesellschaft, das soziale, menschliche Miteinander, wird auf ein Minimum reduziert. Menschliche Beziehungen, die uns Kraft geben, die uns Mut machen, die uns Zuversicht geben, werden immer komplizierter.

Alte Menschen werden abgeschoben. Kinder werden tagsüber mehr oder weniger gut „betreut".

Das Geld gibt die Taktzahl an. Wir müssen immer weiter. Das Hamsterrad dreht sich immer schneller.
Immer mehr Leistung muss in immer kürzerer Zeit erbracht werden.

Immer mehr Dinge müssen jeden Tag bewältigt und erledigt werden. Die Zeit rennt uns davon. Wir leben nur noch von Termin zu Termin. Unsere Kinder genauso wie wir.
Wir sind vollkommen durchgetaktet. Die Uhr bestimmt unseren Tag. Ständig stehen wir unter Druck. Die Zeit rennt uns davon.

Auch in der Freizeit verplanen wir uns. Wir trainieren unseren Körper nach der Uhr. Wir begreifen Zeit als etwas Flüchtiges. Wir leben gehetzt, nervös und in ständiger Eile.

Ein altes Indianersprichwort sagt: Ihr habt die Uhren und wir haben die Zeit.

Wer hat heute noch Zeit für ein Gespräch? Wer interessiert sich wirklich dafür, wie es dem anderen geht? Wir sind Getriebene, wir müssen immer weiter.

Es scheint wirklich so, als ob die Menschen unter ihrem materiellen Wohlstand leiden würden, anstatt ihn zu genießen. Kann es sein, dass der Leidensdruck immer mehr zunimmt, je „reicher" ein Mensch ist und je mehr er besitzt?

Sind reiche Menschen nicht ständig in Sorge, dass sie durch nicht zu kontrollierende Umstände ihr Geld und ihren Besitz verlieren könnten? Wieso denken materiell ärmere Menschen immer, dass reiche Menschen glücklich wären? Reiche Menschen können sich doch alles leisten und alles kaufen! Sie haben doch alles zum Glücklichsein. Eine Täuschung?

Stehen wir nicht alle unter einem permanenten Druck, den erreichten Wohlstand zu sichern, zu erhalten und natürlich zu vermehren?

Sind wir nicht alle abhängig von unserem Job? Von Macht und Status? Abhängig davon, wie viel Geld wir „besitzen"? Werden wir nicht alle nervös und gereizt, wenn wir Geld verlieren?

Beschert uns Geld nicht ein Sicherheitsgefühl?

Ist es nicht so, dass wir uns nur dann sicher fühlen, wenn wir einen „sicheren" Arbeitsplatz und ein sicheres Einkommen haben?

Ist es nicht vollkommen paradox, dass wir aus materiellen Dingen unsere Sicherheit beziehen?

Dinge, die uns niemals „Sicherheit" geben können? Was ist Sicherheit überhaupt? Welche Sicherheit meinen wir?

Wollen wir nicht alle in unserem Leben weiter „nach oben" kommen? Das heißt, bessere Arbeitsplätze finden, wo wir noch mehr Geld verdienen können? Noch eine Zusatzausbildung absolvieren, um uns noch besser für qualifiziertere Arbeitsplätze bewerben zu können?

Fühlen wir uns nicht minderwertig, wenn wir wenig Geld verdienen?

Würden wir den Mut besitzen und es vor anderen zugeben, dass wir uns minderwertig fühlen?

Und geht unser Selbstwert nicht vollkommen baden, wenn wir unseren Arbeitsplatz verlieren, „arbeitslos" werden?

Ist es nicht so, dass wir sogar unsere Identität über unseren Erfolg im Beruf definieren?

Wollen wir nicht alle dazugehören? Zu den Schönen und Reichen? Zu den Wichtigen, zu den Begehrten? Zu denen, die in unserer Gesellschaft das Sagen haben? Wollen wir nicht alle ein VIP sein? Von allen gehegt und gepflegt, umschleimt und umsorgt?

Mit Vergünstigungen, VIP-Plätzen und Shuttle-Service?

Sind nicht diejenigen begehrt, die viel Geld und Macht haben? Sind nicht die am glücklichsten, die am meisten Geld haben?

Um in unserer Gesellschaft existieren zu können, brauchen wir ein materielles Einkommen.

Ohne Geld sind wir handlungsunfähig und können nicht bestehen.

Ohne Geld kommen wir uns klein, bedeutungslos, abhängig und unwichtig vor.

Das führt natürlich dazu, dass wir uns für gute Jobs qualifizieren wollen, um dann später möglichst viel Geld zu verdienen, das uns zum Glück führt.

Leider können nicht alle zu den großen Gewinnern gehören. Viele Hauptschüler, die keine Lehrstelle bekommen, unqualifizierte oder ältere Arbeitskräfte, die ihren Job verlieren, viele Menschen mit Migrationshintergrund und geringer Bildung sehen sich selbst oft im gesellschaftlichen Abseits.

Ohne Perspektive und ohne Geld lebt es sich nicht gut in unserer Gesellschaft.

Das tut uns zwar leid, wenn wir in den Nachrichtensendungen von diesen Schicksalen erfahren, doch daran ändern können wir nichts. Schließlich müssen wir nach uns selbst schauen. Es wäre furchtbar, wenn uns so ein hartes Los auch treffen würde!

Ich sehe in dieser Diskrepanz langfristig eine große Gefahr für den sozialen Frieden in den Industrieländern.

Die Werbung hat unsere Geisteskrankheit voll erkannt und schlachtet sie schamlos aus.

Jugendkult und Schlankheitswahn – der Druck, immer „gut drauf" sein zu müssen, belastet viele Menschen.

Kompetent, intelligent, motiviert, kreativ, selbstbewusst und gesund, niemals müde, immer gepflegt und gut aussehend, so stellt sich der moderne Leistungsmensch dar.

Belastbar, mobil, seelisch gefestigt, körperlich fit und durchtrainiert.

Die Werbung treibt ihr Spiel mit uns allen und setzt dabei Milliarden von Euro um.

Allein die Schönheits- und Kosmetikindustrie, die uns genau vorschreibt, wie wir auszusehen haben, lebt wunderbar von unserer Geisteskrankheit.

Ein makelloses Äußeres ist uns heilig.

Unsere äußere Form entscheidet schließlich über ein „erfolgreiches" Leben.

Unser innerer Zustand wird ignoriert und übersehen.

Seelische Schmerzen sind Gott sei Dank unsichtbar!

Frauen bestehen anscheinend, wenn man die Werbung ernst nimmt, überwiegend aus Problemzonen, die sie verschämt zu kaschieren versuchen. Jedes Körpergewicht ist das falsche. Niemals sieht eine Frau so aus, wie sie meint, aussehen zu müssen.

Immer gibt es eine andere Frau in ihrer Nähe, die schlanker, attraktiver und begehrter ist als sie.

Wenn die Not mit dem eigenen Äußeren unerträglich groß wird, wird viel Geld in die Hand genommen und der Chirurg muss nachhelfen.

Schon unsere Kinder müssen sich nach Medien-Standards kleiden und verhalten.

Die Werbung und die Medien spielen überaus erfolgreich mit unserer anerzogenen Minderwertigkeit. Und wir spielen das irre Spiel geduldig mit.

Verrückt!

Männer machen sich kaputt für Status, Macht und Geld.

Männer wissen genau, was Frauen wollen.

Um an die begehrten, attraktiven Frauen ranzukommen, muss „mann" schon Ettliches vorweisen.

Das teure schwarze oder neuerdings wieder weiße Auto, der gesunde, attraktive Körper, Potenz immer und überall, eine etablierte gesellschaftliche Stellung, die Mitgliedschaft in exklusiven Clubs und natürlich ein Beruf mit Machtausübung sollten es schon sein. Schließlich macht Macht sexy. Das wissen wir alle.

Darum werden Männer auch niemals müde, um Posten zu kämpfen, die ihnen Status und Ansehen garantieren. Noch immer schlagen sich Männer, wie damals ums Mammut in der Steinzeit, heute um Direktoren- und Vorstandsposten. Nur mit dem Unterschied, dass die CEOs der Neuzeit skurrilere und bizarre Methoden entwickelt haben, um ihre Widersacher auszuschalten.

Alphamänner waren schon immer kreativ und erfinderisch.

Heute werden auf dem Golfplatz Intrigen gesponnen oder Geschäfte gemacht. Der einfache Schlag mit der Keule war gestern. Heute hat „mann" seine Netzwerke und Seilschaften, die ihn hegen und pflegen. Wenns mal zu schleppend geht, wird mit kleinen Annehmlichkeiten nachgeholfen.

Da kann schon mal der Betriebsratsvorsitzende mit Viagra geschmiert werden. Oder die Herren werden einfach in vergnügliche Lustreisen integriert, wenn es sich nicht anders lösen lässt.

Schließlich hat sich bis heute nichts daran verändert, dass sich nur der mit den begehrtesten Weibchen paaren darf, der am mächtigsten ist und geballte Potenz und Stärke demonstriert.

Entschuldigung, aber es ist so! Und ich denke, es wird auch so bleiben!

Jeden Morgen blicken daher Millionen Menschen in den Spiegel und finden den, den sie darin erblicken, unattraktiv und hässlich.

Niemals ist der im Spiegel gut genug, um im Karussell der Eitelkeiten bestehen zu können.

Frauen und Männer ziehen täglich in den Krieg gegen Falten, Fett und graue Haare.
Wir müssen gut aussehen und etwas darstellen, wenn es um die gesellschaftliche Poleposition geht.

Schon unsere Kinder mobben und drangsalieren sich, um dazuzugehören.

Ist das der Wohlstand, nach dem wir uns alle sehnen?

Unmengen von Geld zu investieren, um überhaupt dazugehören zu dürfen? Zu einem Club von Kranken und Verrückten? Für Geld alles zu tun, alles zu opfern?

Was die Werbung mit uns macht, ist menschenunwürdig. Unser ohnehin schon anfälliger Selbstwert wird bewusst angegriffen und verletzt. Die Medien spielen mit unserem ausgehungerten Seelenzustand.
Wir werden manipuliert und benutzt. Und merken es noch nicht einmal. Wir sind blind und machen mit.

Verrückt!

Wir alle messen der äußeren Schönheit eine vollkommen übersteigerte Bedeutung bei. Das Aussehen und unsere Attraktivität sollen ein Synonym dafür sein, wie glücklich und erfolgreich wir sind.

Die lachenden und umworbenen Menschen in den People-Magazinen gaukeln uns ein Glück vor, an dem wir alle teilhaben möchten.

Jeder möchte sich sein Stück vom Wohlstandskuchen sichern. Jeder möchte dabei sein und dazugehören. Denn das ist die Eintrittskarte zum Glück.

All die Schönen und Erfolgreichen können sich unmöglich irren. Die müssen glücklich sein, bei dem vielen Geld, das sie haben!
Leider gehören wir selbst niemals dazu!

Verrückt!

Wir alle erliegen dem folgenschweren Irrtum, dass der Schlüssel zum Glück in materiellem Wohlstand liegt. Wir haben es niemals anders gelernt.
Überall treffen wir auf verzweifelt kämpfende Menschen, die im Leistungs- und Konkurrenzdenken gefangen sind. Ständig müssen wir vor anderen den Schein wahren. Niemals dürfen wir uns schwach und erschöpft zeigen. Das verursacht in uns eine Menge negativen Stress.

Wir werden immer frustrierter und unzufriedener mit uns selbst und unserem Leben. Wir müssen erfolgreich und glücklich sein!
Wir sind unsicher, voller Unruhe und Angst. Die Zukunft liegt düster vor uns.

Wir sind lieblos und hart zu uns selbst. Wir haben kein Mitgefühl für andere. Jeder kümmert sich um sich. Jeder kämpft den täglichen Kampf um Geld und Macht.

Denn der Schlüssel zum Glück muss in Geld und Wohlstand liegen.

Verrückt!

Wir wollen das schnelle Glück. Wir wollen es immer und überall. Wenn es uns danach verlangt, dann soll das Glück auch da sein. Wir wollen es konsumieren, wir wollen es kaufen, so, wie wir alles andere auch kaufen.

Schließlich verspricht uns die Werbung jeden Tag, dass wir glücklich sind, wenn wir gewisse Dinge kaufen und besitzen.

Warum sollen wir auch noch etwas für unsere innere Entwicklung tun? An unserem Inneren arbeiten? Was sollen wir Zeit damit vertrödeln und uns um unsere seelischen Verletzungen kümmern? Unseren Schmerz zulassen?

Das sieht doch sowieso keiner!

Wen interessiert schon unsere Seele?

Und ist Schmerz nicht unangenehm? Wer möchte schon freiwillig Schmerz spüren und aushalten? Lieber investieren wir Zeit und Geld in unsere äußere Attraktivität. Die entscheidet doch schließlich darüber, ob wir mitspielen dürfen oder nicht!

Verrückt!

Wir leben in einer Neidgesellschaft voller Egoisten. Wir lächeln uns vordergründig an, doch wünschen wir dem anderen die Pest an den Hals, wenn er reicher oder erfolgreicher ist als wir. Das schicke Auto, die tolle Frau, der erfolgreiche Mann, das große Haus in exklusiver Lage, das macht schließlich glücklich.

Und so setzen wir uns jeden Tag unter einen kollektiven Druck. Millionen Arbeitssklaven verlassen jeden Morgen das Haus und ziehen hinaus in den Kampf um Geld, Gier und Macht.

Wir strampeln uns jeden Tag die Seele aus dem Leib. Doch wir kommen niemals an. Wir legen noch einen Zahn zu. Das muss doch möglich sein, den anderen zu überholen! Doch niemals haben wir genug.

Wir alle spüren diese Leere in uns. Diese Unzufriedenheit. Wir suchen nach dem Sinn. Wir liegen nachts im Bett und können nicht einschlafen. Tausend Gedanken schießen uns durch den Kopf. Immer wieder dieselben Gedanken, Ängste und Befürchtungen. Wie lange werden wir das noch durchhalten können?

Und schließlich kommen wir zu der festen Überzeugung, dass es uns endlich besser ginge, wenn wir nur noch mehr Geld hätten. Doch diese Rechnung geht niemals auf!

Niemals ist das, was wir gerade haben, gut genug. Niemals sind wir zufrieden.

Immer muss es noch etwas anderes sein, was wir unbedingt haben müssen.

Schlimm ist, dass wir unsere Kinder in diesem Sinne aufwachsen lassen und erziehen.

Wir haben keine Zeit, den Augenblick zu genießen. Das machen wir später. Wir leben, um zu leisten und erfolgreich zu sein.

Jeder von uns ist ein Schauspieler, der den anderen etwas vorspielt.

Noch immer sind wir davon überzeugt, dass ein möglichst großes Wirtschaftswachstum, fette Renditen und Geld die Garantien für Glück und nachhaltige Zufriedenheit sind.

Ist das alles nicht verrückt?

Wir haben uns selbst verloren. Unsere Seelen verhungern. Wir kultivieren unsere äußere Schönheit, doch verwenden wir so gut wie keine Zeit und Mühe für unsere innere Entwicklung.

Eine hungrige Seele fällt keinem auf. Das Innere ist für andere unsichtbar. Und doch werden Krisen uns zwingen, in uns hineinzuschauen, ob wir es wollen oder nicht.

Die Herausforderung der nächsten Jahre wird darin liegen, ob der Verstand der Menschen fähig sein wird, über seine eigene Begrenzung hinauszuwachsen.

Wir befinden uns zur Zeit in einer globalen Menschheitskrise. Wir haben Angst vor der Zukunft. Das Klima erwärmt sich, die Gletscher schmelzen. Die Wälder werden gerodet, die Böden zerstört und die Meere überfischt.

Wir verstaatlichen Banken und erleben schmerzliche Insolvenzen.

Wir wissen nicht, wie sich alles entwickeln wird.

Milliarden Menschen wollen auf diesem Planeten leben. Milliarden Sichtweisen und unterschiedliche Wahrnehmungen.

Werden wir den Hunger und die Armut von dieser Erde verbannen können?

Die Gier von uns allen nach noch mehr Wohlstand, nach noch günstigeren Preisen und nach noch mehr Rendite und Schnäppchen hat uns in eine bedenkliche Schieflage gebracht. Natürlich ist es einfach, den Bankern, Politikern und Geldverwaltern die Schuld in die Schuhe zu schieben. Dann sind wir aus der Sache draußen und müssen uns nichts vorwerfen.

Doch steckt die Gier nicht in uns allen? Sind wir nicht alle geil auf Rabatte und Bonussysteme?

Wie konnte es so weit kommen?

Die Gier wird im Buddhismus als Geistesgift gesehen. Die Gier nach mehr Wohlstand und Reichtum ist in den Industrienationen in den letzten Jahrzehnten immer größer geworden.

Wir alle sind davon betroffen. Unsere Bedürfnisstruktur hat sich in den letzten Jahren erheblich verändert.

Was ist passiert?

Wir sind alle verrückt. Die Gier nach immer mehr Reichtum und Wohlstand hat unsere Wahrnehmung verrückt. Es ist eine Fehlentwicklung der Wirtschaft eingetreten, die wir alle nun wieder geraderücken müssen.

Keiner ist von der Haftung ausgeschlossen.

Es geht um uns alle.

Dabei bewegen wir uns kollektiv immer weiter vom Glücklichsein weg. Wir tun genau die Dinge, die uns unglücklich und unzufrieden machen. Und wir unterlassen aktiv die Dinge, die uns zu Glück und Sinnerfüllung führen.

Wir sind verrückt.

Warum? Weil wir einen neuen, modernen Gott an der Führungsspitze haben, nach dem wir alle unser Leben ausrichten: das Geld.

Jeder von uns hat einen maßgeblichen Gedanken im Kopf:
Wie bekomme ich noch mehr Geld und wie werde ich reicher?

Alle Menschen rechnen global nur noch in einer Währung: dem Geld.

Menschliche Beziehungen und Werte werden mittlerweile hintenangestellt. Geld wurde immer wichtiger. Geld hat einen dunklen Schleier über unseren gesamten Planeten gelegt. Mit der Einführung von Zinsen und Renditen haben die Menschen global Blut geleckt.

Sie wollten stressfrei ihr Geld für sich arbeiten lassen, um noch reicher und bedeutender zu werden. Denn mehr Geld sicherte mehr Luxus und Wohlstand und damit auch eine bessere gesellschaftliche Position.
Doch was soll das? Ist Geld, ganz gleich, welcher Währung es angehört, in Wahrheit nicht nur bunt bedrucktes Papier?

Wir haben dem Geld eine übertriebene, verrückte Wertigkeit gegeben.

Durch die Gier, die Unersättlichkeit, die Vergnügungs- und Verschwendungssucht wurden und werden Menschen zu Ego-Bestien.

Macht, Status, materieller Reichtum und Titel sollen unseren angekratzten Selbstwert aufpolieren. Sollen uns zu dem machen, was wir sein wollen, ohne dass wir es sind.

Deregulierungen haben den Banken freie Fahrt gelassen. Immer mehr Regeln wurden grenzübergreifend außer Kraft gesetzt.
Und so konnte das Geld wie ein Dämon die Herrschaft über uns alle ausdehnen.

Wir sind verrückt.

Die Situation, in der wir uns heute befinden, wurde von unserem Verstand herbeigeführt.

Unser brillanter Verstand, unsere Ratio, unser duales Denken, das sein irres Spiel mit uns trieb, hat uns an unsere Grenzen gebracht.

Die Menschen in den Industrienationen sind extrem kopfgesteuert. So war es möglich, dass sie sich immer mehr entsozialisierten. Die seelische Entfernung von Mensch zu Mensch ist so groß wie niemals zuvor. Die Dinge, die den Menschen früher in einfachen Gemeinschaften Halt gegeben haben, existieren so gut wie nicht mehr.

Wir leben heute mehr oder weniger anonym. Die Anzahl der Single-Haushalte ist so groß wie niemals zuvor. Auf einen anderen Menschen Rücksicht zu nehmen ist anstrengend. Auf der Suche nach dem Glück haben wir wenig Zeit, auch noch auf andere zu achten. Wir sind voll und ganz mit uns selbst beschäftigt.

Die Erleichterungen und Errungenschaften der Wirtschaftswunderjahre, die uns das Leben angenehmer und komfortabler gestalten sollten, bringen uns heute in Gefahr.

Wissenschaft, Medizin, Informatik und Technik sollten uns Menschen das Leben erleichtern, sollten uns dabei unterstützen, unsere Bedürfnisse leichter zu befriedigen. Doch durch unser verrücktes Denken hat sich unser Verstand selbst um den Verstand gebracht.

Ingenieure, Physiker und Chemiker vollbrachten technische Wunder – sie veränderten unsere Welt immer mehr.

Doch wer trägt die Verantwortung für all die Errungenschaften?

Mit der Atombombe kann sich die Menschheit selbst auslöschen.

Sicherheitssysteme sollen uns vor uns selbst schützen. Atomkraftwerke sollen sicher sein.

Können all die Erfinder und Forscher mit den Folgen und Konsequenzen ihrer Schaffenskraft heute noch umgehen?

Kriminalität im Internet – Missbrauch von Daten, Kindern und Kreditkarten zeigen, dass der Mensch seiner Verantwortung nicht gerecht werden kann.

Die Technik hat sich verselbstständigt. Wer wagt es, von sich behaupten zu wollen, er hätte im Internet noch die Kontrolle?

Die Menschen twittern, bloggen, surfen und chatten in einer anonymen Kunstwelt, die sie nicht durchschauen können.

Die Medien haben in unserem Leben einen immer höheren Stellenwert eingenommen.

Immer mehr Umsatz, immer mehr Wachstum, immer mehr Profit sollten uns immer neuen Wohlstand und noch mehr Reichtum bescheren.

Die Wurzel zu dieser Fehlentwicklung liegt eindeutig in unserem Schulsystem und der Art und Weise, wie wir mit unseren Kindern umgehen. Die Erziehung hin zu vollkommen überbewerteter Leistung, Wettbewerb und Konkurrenz macht unsere Kinder krank.

Wir alle bekommen zur Zeit die Quittung dafür. Denn unsere Kinder und Jugendlichen wollen dieses Spiel nicht mehr mitspielen.

Sie verweigern sich immer mehr. Sie spüren instinktiv, wie krank und verrückt wir sind.

Jugendliche Amokläufer wollen für uns Zeichen setzen. Doch in unserer Blindheit verschärfen wir die Waffengesetze. Wir haben (noch) nichts verstanden! Diesem Thema habe ich eine eigene homepage (www.millenium-kinder.de) gewidmet. Lesen Sie darin gerne mehr dazu.

So können wir abschließend die Frage „Warum sind wir nicht einfach glücklich?" folgendermaßen beantworten:

Weil wir nicht dazu bereit sind, glücklich zu sein!

Wir sind vom Glücklichsein weiter weg als jemals zuvor. Wir belügen uns selbst, wenn wir der Meinung sind, dass wir Glück kaufen könnten. Oder dass wir reich sein müssten, um glücklich zu sein. Oder dass es auf unseren Beruf ankommt, der uns glücklich machen kann.

Nichts von all diesen Theorien wird uns weiterbringen. Schade, aber der Wohlstandsmensch von heute wird sich umstellen müssen!

Kapitel 2:
Was ist dauerhaftes Glück und warum sehnen wir uns alle danach?

Das Paradoxon unserer Zeit liegt darin, dass wir uns alle gemeinsam auf der Suche nach dem Glück befinden.

Darin sind wir alle gleich. Ob jung, ob alt, ob Frau oder Mann, ob hochgebildet oder nicht. Wir alle sind uns darin einig, dass wir nicht leiden, sondern glücklich und zufrieden leben wollen.

Wir alle suchen nach dem Sinn unseres Lebens – wir suchen die Erfüllung unserer Träume.

Alle Menschen in allen Industrienationen, in Europa, USA und auch in Südostasien suchen ihr individuelles Glück.

Dafür gehen unsere Kinder bereitwillig auf die Schule, machen danach eine Berufsausbildung oder noch besser, sie studieren, machen ein Praxissemester im Ausland und setzen so Zeichen für ihre Mobilität. Beiläufig trainieren sie ihre Körper in Fitnesscentern.

Alle wollen eine geachtete, angesehene gesellschaftliche Stellung erreichen. Alle wollen in Wohlstand leben und einen sicheren Arbeitsplatz bekommen, der ihnen ein sicheres Einkommen verspricht.

Unsagbar viel Energie und Zeit verwenden wir alle auf die oben genannten Dinge. Langfristige Projekte werden in Angriff genommen. Mühsame Aufgaben werden gelöst.

Doch wenn es darum geht, unsere psychischen Konditionen zu optimieren, das heißt, etwas für unsere „innere" Entwicklung zu tun, dann kneifen wir.

Zu mühsam, zu uninteressant, zu langatmig ...

Wir winken ab und wenden uns wieder „wichtigeren" Dingen zu, die wir besser verstehen und einordnen können.

Wir wählen den Weg des Leidens und des Suchens. Dieser Weg wird uns von unserem Verstand vorgegeben. Dennoch sind wir verwirrt, weil unser Geist verwirrt ist. Wir leiden, weil wir nie mit dem zufrieden sind, was wir haben. Das, was gerade ist, ist nie gut genug für uns.

Wir sollen, wir wollen, wir müssen immer irgendetwas anderes haben oder tun als das was gerade ist.

Unser Geist, unsere Gedanken machen mit uns, was sie wollen. Wir sind Sklaven unseres Verstands geworden.

Normalerweise sollte unser Verstand ein Werkzeug für uns sein. Inzwischen ist es so, dass wir ein Werkzeug unseres Verstandes sind. Unser Verstand hat uns im Griff, er lässt uns nicht los. Ein Paradoxon.

Wir haben den Anspruch an uns und unser Leben, alles kontrollieren zu können.

Dinge, Situationen, Menschen, alles soll unserer analytischen Kontrolle unterliegen.

Doch haben Sie sich schon mal gefragt, welche äußeren Umstände Sie tatsächlich kontrollieren können?

Was können Sie maßgeblich beeinflussen?

Diese Erkenntnis, dass wir nichts Äußeres kontrollieren können, macht uns Angst.

So wollen wir nicht leben. Schließlich brauchen wir Sicherheit.

Doch das Universum, das große Ganze, oder Gott richten sich leider nicht nach dem, was für uns momentan richtig oder wichtig ist.

In unserem Leben bekommen wir immer das, was wir brauchen. Nicht mehr und nicht weniger.

Jeder von uns bekommt seine persönlichen Aufgaben, als Gelegenheit, um zu lernen und innerlich zu reifen. Inneres Wachstum nennen wir diese Herausforderungen.

Ob wir diese Aufgaben nun für uns als ungerecht, lästig, negativ und falsch ansehen, ist dem Universum egal.

Alle Dinge, die in unserem Leben geschehen, passieren genau zur richtigen Zeit, im Einklang mit dem Universum.

Wenn wir offen sind, wenn wir im Fluss sind mit den Dingen, die geschehen, dann werden wir uns weiterentwickeln.

Wenn wir die Aufgaben und die Wirklichkeit annehmen, ohne einen Widerstand aufzubauen, dann werden wir wachsen.

Natürlich sind die uns gestellten Aufgaben nicht immer angenehm und bequem. Es gilt, schmerzhafte Trennungen zu verarbeiten, Arbeitsplatzverluste zu begreifen und Krankheiten als Entwicklungschance anzunehmen.

Wir empfinden diese „Schicksalsschläge" meistens als ungerecht. Wir fragen uns voller Selbstmitleid, warum es gerade immer uns trifft und niemals die anderen.

Unser begrenzter Verstand kann nicht sehen, dass es in diesem Leben nicht um die Anhäufung von materiellem Besitz geht, sondern um inneres Wachstum und Reifung.

So liegt die einzige Sicherheit für uns darin, sich dieser Herausforderung zu stellen und dem Leben zu vertrauen.

Dies ist die größte Aufgabe für uns Menschen.

Im Begreifen dieser Aufgabe wird das weitere Bestehen der Menschheit liegen.

Wenn wir weiterhin trennen in „wir" und „die anderen", wenn unser Ego uns weiterhin einredet, dass es ein „ich" und ein „du" gibt, dann werden wir die globalen Probleme nicht lösen können.

In Wahrheit gibt es keine Trennung. Wir sind alle eins. Allein mit uns.

Diese Sicht der Dinge kann unser Verstand nicht logisch begreifen. Unser Verstand ist unser Ego. Und unser Ego ist auf Trennung bedacht. MIR soll es gut gehen. ICH möchte die höchste Rendite erwirtschaften. ICH möchte im Wohlstand leben.

Mit dieser Einstellung, die uns unser Verstand vorgibt, werden wir scheitern.

Ist es nicht seltsam, dass bereits der Philosoph Laotse im 6. Jahrhundert vor Christus in seinem Tao Te King in 81 Versen genau über diese Dinge geschrieben hat?

Und heute sind wir nicht schlauer als zu dieser Zeit.

Noch immer glauben wir unsere Geschichten, die wir über uns erzählen. Doch wir sind nicht die, für die wir uns halten.

Unser Weg (Tao) liegt jenseits unseres Denkens.

Erst wenn wir uns für Veränderungen öffnen, wenn wir im Fluss sind, wenn wir unsere Widerstände aufgeben, dann kann das Leben uns die Dinge schenken, die für uns wirklich wichtig sind.

Wu Wei heißt, dass wir lernen, uns selbst zurückzunehmen. Das Tun im Nichts-Tun. Was nicht heißen soll, dass wir tagelang faul auf unserem Sofa liegen und den Fernseher laufen lassen.

Wu Wei bedeutet, wach zu sein. Aufmerksam nach innen zu hören. Immer in Kontakt mit sich selbst zu sein.

Die eigenen Stimmungen und Gefühle wahrnehmen, annehmen und so sein zu lassen, wie sie sind. Nicht dagegen anzukämpfen und Widerstände aufzubauen.

Wir leben alle unsere Geschichte. Doch wer sind wir wirklich?

Wir sind in individuellen Lebenssituationen gefangen. Die können angenehm oder auch unangenehm sein. Doch sie sind immer, wie sie sind. Unsere subjektive Sicht der Dinge ist vollkommen unwichtig. Wir können unsere Lebensumstände annehmen oder wir können dagegen kämpfen.

Dauerhaftes Glück, dauerhafte Zufriedenheit hängt nicht von unseren äußeren Lebensumständen ab.

Um Glück und innere Stabilität empfinden zu können, sollten wir nach innen blicken. Nur so können wir uns frei machen von unserem Verstand und erwachen.

Jeder von uns wünscht sich, so angenommen und verstanden zu werden, wie er ist. Jeder von uns möchte akzeptiert und geliebt werden.

Unser Verstand ist überzeugt davon, dass er Akzeptanz und Liebe manipulieren kann.

Dass wir Menschen und Situationen so beeinflussen können, dass sich unsere Lebenssituation verbessert.

Das ist unmöglich.

Wir sind oft unzufrieden mit uns und unserer aktuellen Lebenssituation. Obwohl wir materiell so viel haben, sind wir unglücklich mit dem bisher Erreichten. Durch viel Geld wollen wir noch mehr. Wir sind davon überzeugt, dass wir glücklicher wären, wenn wir noch mehr besitzen würden.

Wir denken, unser Glück liegt im Konsumieren.

Wir kaufen und planen und kaufen noch mehr und planen immer weiter. Wir wollen alles kontrollieren und so hinbiegen, dass es für uns „gut" ist.

Wir sind enttäuscht, wenn wir trotz materiellem Besitz nicht glücklich werden und uns immer noch unsicher fühlen.

Wir spüren eine ständige diffuse Unzufriedenheit und Unruhe in uns. Eine Leere. Manchmal eine Sattheit, eine Trägheit, eine Langeweile. Ich würde es als ständig vorhandenes Unwohlsein beschreiben. Eine permanente Mischung aus Sehnsucht nach Glück, Unzufriedenheit und Unsicherheit. Dieser Gefühlszustand ist immer da. Es ist wie ein Hintergrundgeräusch, dass wir schon gar nicht mehr bewusst wahrnehmen, weil es ständig vorhanden ist.

Kennen Sie das, wenn der Kühlschrank summt und wir es gar nicht mehr hören? Erst wenn wir uns bewusst auf dieses Geräusch konzentrieren, hören wir es auch wieder.

Wir können Glück nicht wahrnehmen, weil wir ständig verwirrt sind.

Wir sind voller Zweifel und grübeln unentwegt.

Wir haben hohe Erwartungen an uns, genauso aber auch an andere.

Wenn diese Erwartungen nicht erfüllt werden, sind wir enttäuscht und werden wütend.

Immer sind wir in innere Konflikte und Krisen verstrickt. Wir sind mit unseren Gedanken so gut wie immer in der Zukunft. Wir sind am Planen und am Überlegen. Ziel ist immer, durch mehr Geld glücklich zu werden.

Wir spüren uns nicht mehr. Wir funktionieren nur noch. Wir haben die Verbindung zu unserem Inneren abgeschnitten. Dabei sehnen wir uns in Wahrheit so sehr nach Angenommensein und Wärme. Doch wir sind nicht bereit, diesen neuen, unbekannten Schritt zu gehen.

Wir sind misstrauisch und glauben weiter an unseren Verstand. So bleiben wir immer unzufrieden und unglücklich.

Der Zugang zu Glück, Lebenssinn und Erfolg liegt in unserer Geisteshaltung. Liegt in dem Maße verborgen, wie wir inneres Wachstum zulassen oder verhindern.

Innere Entwicklung bedeutet, hinzuschauen, wo sind wir kränkbar? Wo sind wir verletzlich? Welche Verhaltensweisen von Menschen, die uns nahestehen, tun uns weh? In welchen Situationen spüren wir unseren inneren Schmerz?

In welchen Situationen fühlen wir uns wohl? Wann fühlen wir uns unwohl?

Wann sind wir wütend? Traurig? Enttäuscht? Verzweifelt? Ohne Zuversicht? Erschöpft?

Wann sind wir stark? Mutig? Fröhlich? Motiviert?

Halten wir uns selbst aus? Sind wir gerne mit uns allein, ohne etwas zu tun?

Wie reagieren wir, wenn wir die inneren wunden Punkte, die wir ständig mit uns herumtragen, wie einen fest verpackten Rucksack, anschauen, analysieren und auflösen sollen.

Wir finden tausend Ausreden, um uns nicht unsere inneren Wunden ansehen zu müssen.

Immer wieder meldet sich der Schmerz in uns, der nach neuer Nahrung verlangt.

Alter, nicht verarbeiteter und neuer, aktueller Schmerz fügen sich zusammen und manipulieren unser Verhalten. Bei manchen Menschen ruht der Schmerz über Wochen, Monate oder sogar Jahre. Bei anderen ist er ständig aktiv – je nach Vorgeschichte und Prägung.

Manche Menschen verhalten sich eher als Opfer, wenn der Schmerz in ihnen aktiv wird, andere sind eher Täter.

Ganz egal, wie sich der Schmerz sichtbar macht, eins möchte er jedoch immer: neue Nahrung. Die braucht er, denn sonst kann er nicht überleben.

Und so kommt es, dass wir Situationen herbeiführen, in denen wir mit anderen Menschen Krach anfangen und uns in Konflikte verwickeln. Oft sind es Menschen, die uns sehr am Herzen liegen, die wir lieben.

Wir wundern uns über uns selbst. Doch wir können nicht anders. Der Schmerz muss, um in unserem Inneren weiter überleben zu können, uns und anderen immer wieder neuen Schmerz zufügen.

Aus Angst, Gleichgültigkeit oder einfach Unwissenheit haben wir nicht den Mut, unseren Schmerz genau anzuschauen.

Wir stürzen uns lieber in noch mehr Arbeit und Aktivitäten. Wir rauchen, trinken Alkohol oder nehmen andere Rauschmittel, um der schmerzhaften Realität zu entfliehen.

Wir lenken uns von uns ab, schalten den Fernseher an, rufen Freunde an oder gehen einfach shoppen. All das erscheint uns sinnvoller und wichtiger.

Merkwürdig, oder?

Ich frage mich immer wieder, warum wir in der Lage sind, im Studium oder im Beruf komplexe, schwierige Projekte zu beginnen und nach langer Zeit auch erfolgreich zu beenden, doch wenn es um unser Projekt „eigenes Innenleben" geht, verweigern wir unsere Mitarbeit und verdrängen lieber.

Wir werden niemals müde, uns neue Strategien auszudenken, wie wir zu noch mehr Wohlstand und Geld kommen.

Wir überlegen und notieren. Wir konzentrieren uns und lernen dazu. Fleißig und zielorientiert bleiben wir am Ball. Bis uns die Kraft ausgeht.

Doch wenn es darum geht, etwas Zeit in unser inneres Wachstum zu investieren, flüchten wir, wie die Kaninchen vor dem Fuchs.

Warum glauben wir, dass wir unsere inneren Konflikte dadurch lösen können, indem wir uns nach außen wenden?

Das heißt, indem wir in äußeren Dingen, wie Beruf, Partnerschaft, Luxus, Urlaub, Wohlstand, Familie, Macht und Konsum, die Lösung für unsere innere Verwirrung suchen.

Wir haben einfach nicht den Mut, uns unseren seelischen Herausforderungen zu stellen.

Ist das nicht grotesk?

Ein neuer Partner, unsere Kinder, ein gut bezahlter Job, ein neues Auto, ein Paar neue Schuhe sollen uns die Lösung bringen. Wir alle sind Weltmeister im Konflikteverdrängen.

Viele Männer noch mehr als Frauen. Männer sind von jeher noch weiter von ihrem Inneren entfernt als Frauen. Durch Erziehung und gesellschaftliche Prägung wurden sie von ihrem Inneren abgeschnitten. Für Männer ist es noch viel mühsamer, den Schritt zu tun und nach innen zu schauen.

Doch ist es in Wahrheit so, dass die Qualität unseres Lebens davon abhängt, in welchem Maße wir bereit und gewillt sind, dieses für uns neue, ungewohnte und manchmal auch sehr schmerzhafte Training aufzunehmen und uns selbst anzuschauen.

Dieser Blick erfordert sehr viel Mut. Denn der schwarze Peter wird nun nicht mehr anderen zugeschoben. Man hört auf, seinen Schmerz auf andere zu projizieren und andere zum Sündenbock zu machen.

Erst dann, wenn wir beginnen, die Wahrheit so zu sehen, wir sie ist, entsteht für uns Lebensqualität. Es gibt keine Negativität. Die Wirklichkeit ist die Wirklichkeit. Ob wir es in diesem Moment als gut oder schlecht interpretieren, ist der Wirklichkeit egal. Erst dann, wenn wir akzeptieren, dass die Dinge so sind, wie sie sind, dann können wir innerlich reifen und wachsen.

Übrigens sind wir Menschen die einzigen Lebewesen auf diesem Planeten, die Negativität überhaupt kennen und sich dagegen auflehnen und einen Widerstand aufbauen, der sie unglücklich macht.

Tiere und Pflanzen sehen nichts Negatives im jeweiligen Moment. Sie nehmen die Dinge so hin, wie sie sind. Zwar haben sie nicht das Bewusstsein wie wir Menschen, doch liegt es ihnen fern, die Wirklichkeit verändern zu wollen.

Wir Menschen sind ständig unzufrieden mit dem, was gerade ist. Wir sind die Lebewesen auf diesem Planeten, die ständig etwas verändern wollen.

Bitte beobachten Sie sich in der nächsten Zeit.
Fällt Ihnen auf, wie oft Sie an Dingen herumnörgeln, die Sie sowieso nicht ändern können?

Wir meckern über unsere frechen und faulen Kinder, über den schlecht gelaunten Kollegen, über die müde Partnerin, über den cholerischen Chef, über die verstopften Straßen, über das schlechte Essen in der Kantine, über unseren Mann, der uns nie zuhört ...

Und, und, und. Wir könnten die Liste noch unendlich fortsetzen.

Da wir immer der Meinung sind, wir könnten die Dinge, Situationen und Menschen verändern und beeinflussen, und daran scheitern, sind wir ständig frustriert und unglücklich.

Unsere egoistischen Gründe interessieren keinen. Achten Sie doch mal darauf, wie oft Sie sich mit anderen in die Wolle kriegen, weil Sie mal wieder recht haben wollten.

Glück und Zufriedenheit können wir mit der Art und Weise, wie wir momentan leben, niemals erreichen.

Unzählige westliche Philosophen, Naturwissenschaftler, Psychologen und religiöse Gelehrte haben sich in den vergangenen Jahren intensiv mit dem Thema Glück beschäftigt.

Es gibt viele Definitionen von Glück. Jeder erklärt Glück anders. Mich hat bei meiner Arbeit mit Menschen besonders interessiert, wie und wann Glück entsteht und durch welche Faktoren es zustande kommt.

Es gibt viele Thesen, die sich manchmal sogar widersprechen.

Ich wollte herausfinden, was uns Menschen wirklich glücklich macht.

Viele Wissenschaftler, mit denen ich sprach, wollten nicht anerkennen, dass Glück eine Fertigkeit sein könnte, eine Form der Lebenskunst, eine Geisteshaltung.

Natürlich ist es vielen Menschen fremd, Dinge zu akzeptieren, die sie nicht durch Planung, Strategien, Tabellen, Kurven, Statistiken und den Verstand erklären können.

Wir Menschen wollen immer alles beweisen.

Was wir nicht beweisen können, existiert auch nicht.

Doch verschiedene Gepräche mit buddhisten Mönchen und die Begegnung mit dem Dalai-Lama haben mich in meiner Meinung bekräftigt, dass dauerhaftes Glück von unserer Bereitschaft abhängt, uns mit unserem Inneren zu beschäftigen.

Religionen spielen dabei keine Rolle.

Unsere bisherigen Vorstellungen von Glück sind oberflächlich und flüchtig.

Mich hat die Frage beschäftigt, wie wir dauerhaft Glück und Zufriedenheit in unser Leben integrieren können.

In meinen Coachings ist mir immer wieder aufgefallen, wie groß die Angst der Menschen vor ihren Gefühlen ist. Wir beurteilen Emotionen in gut und schlecht. So genannte negative Gefühle sind Wut, Aggression, Zorn, Groll, Verzweiflung, Hoffnungslosigkeit, Traurigkeit, Antriebslosigkeit und Erschöpfung. Sie alle haben scheinbar etwas Destruktives an sich.

Und dann benennen wir positive Gefühle, wie Freude, Stolz, Glück, Zufriedenheit, Mut, Motivation, Fröhlichkeit und Zuversicht.

Meiner Meinung nach gibt es weder positive noch negative Gefühle. Unsere Gefühle sind einfach da, ob wir es wollen oder nicht.

Was für uns im Moment negativ erscheint, kann, wenn wir das große Ganze sehen, für uns positiv sein.

Natürlich wirkt ein aggressiver, wütender Mensch auf uns bedrohlich. Doch ist dieser Mensch in Wahrheit nicht zutiefst verletzt, verzweifelt und traurig?

Ist Wut nicht immer eine Form der Sprachlosigkeit? Möchte uns ein wütender Mensch nicht zeigen, dass er sich unverstanden und ungeliebt fühlt? Und dass er dafür keine Worte hat, um seine Verletzungen auszudrücken?

Und kann ein Mensch, der gerade noch fröhlich und gut gelaunt ist, im nächsten Moment nicht traurig oder wütend sein?

Sind nicht unsere Gefühle immer die Reaktionen auf äußere Umstände?

Wir nehmen etwas wahr. Wir machen uns Gedanken dazu. Und je nachdem, wie wir die Situation oder den Menschen beurteilen, reagieren wir mit Wut oder Freude.

Unsere Handlungen entspringen aus unseren jeweiligen Gefühlen und Erwartungen.

Achten Sie bitte auf sich selbst.

Denken Sie an die Ehefrau, die voller Freude ist, weil ihr Mann den Hochzeitstag nicht vergessen hat und ihr rote Rosen geschenkt hat. Sie fühlt sich geliebt und verstanden. Sie reagiert mit Begeisterung und Fröhlichkeit.

Dieselbe Frau reagiert mit Wut und Ablehnung, wenn ihr Mann den für sie wichtigen Tag vergessen hat und ihr keine Rosen schenkt.

Sie fühlt sich ungeliebt und abgeschoben.

Wie paradox. Die äußeren Umstände entscheiden darüber, welche Gefühle in uns entstehen.

Wäre es nicht durchaus möglich, dass der scheinbar liebende Ehemann, der seiner Frau rote Rosen schenkt, seit sechs Monaten eine Affäre hat und seine Frau überhaupt nicht liebt? Könnte er die Rosen nicht nur schenken, um das zu tun, was seine Frau von ihm erwartet?

Und könnte es nicht durchaus sein, dass der Mann, der keine Rosen schenkt, heimlich ein schönes Wochenende plant, an dem er seine Frau verwöhnen möchte?

Durch ihre Wut ist er irritiert.

Immer wieder ist es so, dass wir mit unseren Gefühlen und Stimmungen auf äußere Situationen reagieren, die wir entweder als gut oder schlecht für uns sehen.

Wenn man die Situationen jedoch als großes Ganzes sieht, dann gibt es immer nur die Wahrheit. Ob wir rote Rosen geschenkt bekommen, kann für uns gut oder schlecht sein.

Die Wirklichkeit ist immer, wie sie ist.

Wir machen sie gut oder schlecht, weil wir sie beurteilen. Und aus diesem Urteilen heraus entstehen unsere Gefühle.

Auch diese Gefühle sind weder gut noch schlecht. Sie sind, wie sie sind. Sie sind einfach da.

Und wir haben Angst, sie anzuschauen.

Das, was wir nicht wahrhaben wollen, kann auch nicht sein. So sehen wir die Welt und so können wir niemals glücklich werden.

Um dem Glück auf die Spur zu kommen, sollten wir also zuerst unsere Gefühle und Stimmungen annehmen und akzeptieren, ohne sie zu beurteilen, liebevoll, mit Güte und Wohlwollen.

„Wie soll ich denn meinem schlecht gelaunten Chef mit Güte und Wohlwollen begegnen, wenn er mich jeden Tag aufregt und mir auf die Nerven geht?", höre ich Sie sagen.

„Oder wie soll ich meinen Kindern mit Güte und Wohlwollen begegnen, wenn sie nie ihr Zimmer aufräumen und immer alles rumliegen lassen?"

„Wie soll ich meinem Mann mit Güte und Wohlwollen begegnen, wenn er an allem etwas auszusetzen hat und immer nur vor dem Fernseher sitzt, anstatt mir im Haushalt zu helfen?"

Tja, so ist das mit unseren Erwartungen und Gefühlen. Ständig beginnen wir neue Konflikte.

Immer läuft uns etwas quer.

Eine neue Geisteshaltung kann nur in kleinsten Schritten entstehen und sollte jeden Tag trainiert werden.

Ich weiß, das kann mühsam sein. Doch anders geht es nicht.

Wir sind verwöhnt. Doch Glück hängt von unserer Lebenseinstellung ab. Und, genau wie ein Marathonlauf, muss diese neue Lebenseinstellung trainiert werden.

Sie können doch auch nicht einfach sagen, so, heute gehe ich nach New York und laufe beim Marathon mit.

Monatelanges Training und intensives Sich-selbst-Beobachten sind vorher erforderlich.

Oder würden Sie es sich zutrauen, sich in einer Konzerthalle an den Flügel zu setzen, um die Menschen mit Beethoven zu beglücken?

Nein? Auch dafür braucht es viel Zeit, Konzentration und intensive, kontinuierliche Phasen der Übung.

Genauso ist das mit unserem inneren Wachstum und unserer neuen Geisteshaltung.

Ein anderes Bewusstsein kann nur dann in uns reifen, wenn wir es trainieren und üben.

Der Lohn ist dann das Glück, das wir immer stärker in uns spüren. Unser Leben wird immer sinnvoller und schöner. Von Tag zu Tag spüren wir uns mehr. Und wir möchten niemals mehr zurück. Glauben Sie mir, Sie werden dieses Training nie bereuen!

Wenn Ihr Geist zur Ruhe kommt, wenn Sie mit dem Leben im Fluss sind, wenn Sie die Sklaverei abstellen, die Sie noch heute zum Abhängigen Ihrer Gedanken macht, werden Sie spüren, was Freiheit bedeutet!

Das ist Ihr persönlicher Jakobsweg! Ihr Weg zu Ihrem Lebensglück!

Leider wird unser Verstand (unser Ego) alles dafür tun, um das zu verhindern.

Denn ein neues Bewusstsein bedeutet für unser Ego den Tod.

Daher trauen sich die meisten Menschen nicht, sich auf dieses Neue und Fremde einzulassen.

Solange Sie Angst haben vor dieser inneren Reise, vor Ihrem Schmerz und vor Ihren tiefsten Ursprüngen Ihrer Gefühle, solange werden Sie unzufrieden und unglücklich sein.

Dabei kann Ihnen auch Ihr Geld und Ihr Reichtum nicht weiterhelfen. Um unseren Blickwinkel zu korrigieren, brauchen wir kein Geld.

Um ein neues Bewusstsein zu trainieren, brauchen Sie keine teuren Geräte und keine hochmoderne Sportbekleidung.

Um Lebensglück zu spüren, brauchen Sie einfach nur Mut.

Ist das nicht wunderbar?

Na ja, höre ich Sie jetzt sagen, und wenn ich mich jetzt entscheiden würde, an meinem inneren Wachstum zu arbeiten, was nützt mir das?

Die Menschen sind schlecht, die Welt ist schlecht, jeden Tag sehen wir in den Medien, wie furchtbar Menschen miteinander umgehen, und wir hören im Radio, welch entsetzliche Dinge auf der Welt passieren.

Und außerdem bin ich mit meinen täglichen Aufgaben, die ich bewältigen muss, voll eingespannt. Wann soll ich mich da noch um meine innere Entwicklung kümmern? Und was habe ich davon? Ich finde es besser, mir Gedanken über meinen Beruf zu machen oder um meine Partnerschaft. Das bringt mir mehr und ich habe einen größeren Nutzen davon.

Wirklich? Ist das so? Dann sind Sie noch nicht so weit, dann hat es keinen Sinn, Sie „bekehren" zu wollen.

Tatsächlich sind viele Menschen durch die ständige Überschüttung mit negativen Nachrichten schon so abgestumpft, dass sie davon überzeugt sind, es sei sowieso nutzlos und vertane Zeit, sich um das ungenutzte Potential in uns zu kümmern.

Und außerdem belächeln wir weise Menschen, die ein spirituelles Leben führen. Wir nennen sie „weltfremd" und sind der Meinung, dass sie auf einer Insel leben, weit weg von unserer täglichen Realität.

Zwar wären wir schon gern so gelassen und heiter wie der Dalai-Lama, aber bei unserem täglichen Stress ist so was einfach unmöglich.

Wir sehen uns in eine Welt hineingeboren, aus der wir nicht herauskönnen.

Die Weisen, die Erleuchteten, die Erwachten sind schon was ganz Tolles. Doch wir leben in einer Leistungsgesellschaft. Was sollen wir da mit Güte und Weisheit anfangen?

Und wie sollen wir bei dieser täglichen Hektik unseren Geist zur Ruhe bringen?

Das sind die Einwände, die ich täglich zu hören bekomme.

Alle Menschen sind skeptisch, wenn ich ihnen SFM zum ersten Mal erkläre.

„Warum soll ich mein eigenes Leben managen?", werde ich immer wieder gefragt.

Das mach ich doch schon. Ich bin bestens organisiert. Ich plane mein Leben. Ich habe kurz-, mittel- und langfristige Ziele, die ich erreichen will.

Was soll ich da noch managen?

Diese Sätze zeigen mir, wie sehr sich das Ego in den Menschen zur Wehr setzt, wenn es sich bedroht fühlt.

Viele brechen ihr Coaching ab. Sie bevorzugen es, mit all ihren körperlichen Warnsymptomen und mit all der Unzufriedenheit und Leere weiterzuleben wie bisher.

Ich lasse diese Menschen ziehen.

Inneres Wachstum kann nur dann stattfinden, wenn wir es selbst wollen und jeden Tag trainieren. Der Zugang zu uns selbst kann nicht von außen geöffnet werden.

Nur wir selbst können die Türe öffnen.

Genauso wie wir niemanden zwingen können, ein Instrument bis zur Perfektion zu erlernen, verhält es sich auch mit der eigenen seelischen Entwicklung.

Nur das, was einem selbst wichtig ist und woran man Freude hat, trainiert man regelmäßig. Nur wenn wir spüren, dass etwas für uns sinnvoll ist, dann machen wir es auch und bleiben am Ball. Auch wenn der Weg mühevoll und anstrengend ist.

Wir nehmen gerne Strapazen in Kauf, wenn wir dahinter den Sinn für uns erkennen.

Und so ist es auch mit der Weisheit und Geistesbildung. Wenn wir uns dahinter einen alten Mann mit langem Bart vorstellen, der stundenlang meditierend vor seiner Einsiedlerhütte sitzt, dann passt das wirklich nicht in unseren modernen Alltag.

Wenn wir aber neugierig und gespannt sind auf die Dinge, die sich hinter Weisheit und einem klaren Geist verbergen, dann könnte uns das zu einem Hinterfragen motivieren.

Schließlich ist es doch für uns außerordentlich spannend zu wissen, dass es auf diesem Planeten Millionen Menschen gibt, die dauerhaft glücklich sind.

Und diese Menschen leben oftmals unter weitaus unfreundlicheren äußeren Bedingungen als wir. Sie müssen sich härter durchs Leben kämpfen und sind trotzdem glücklich und zufrieden.

Sollte uns das nicht neugierig machen?

Wenn es viele Menschen gibt, die mit gelassener Heiterkeit und Freude den Herausforderungen des Lebens begegnen, dann müsste das doch auch für uns machbar sein!

Selbst wenn wir ein überwiegend negatives Bild von der Welt haben, so müsste das doch für uns reizvoll sein.

Ich möchte durch SFM weiß Gott nicht erreichen, dass Sie Ihr ganzes altes Leben in die Mülltonne werfen.

Ich möchte Sie nicht umkrempeln und Ihr Gehirn neu formatieren.

Was ich mir für Sie wünsche, ist, dass Sie erkennen, dass tief in Ihnen, hinter all den Sorgen und Gedanken, hinter all dem täglichen Ärger ein riesengroßes Potential liegt.

Ein roher Diamant, den Sie noch gar nicht in sich entdeckt haben.

Ich wünsche mir, dass Sie diesen Diamanten in die Hand nehmen, dass Sie ihn berühren und ihn polieren.

Ich wünsche mir, dass Ihre Neugierde so groß ist, dass Sie in winzig kleinen Schritten auf die Reise gehen, um zum Ursprung dieses Diamanten zu kommen.

Sie dürfen genau Ihr Leben weiterführen, das Sie bisher gelebt haben.

Sie sollen lediglich erkennen, was es mit dem Wechselspiel zwischen Glück und Leid auf sich hat.

Ich möchte, dass wir von den Lehren der Weisen profitieren und unser Leben sinnvoller gestalten.

Sie müssen daher nicht eine neue Form von Mutter Teresa werden. Sie haben lediglich die Chance, Ihr Leben glücklicher und erfüllter zu gestalten.

Bitte glauben Sie mir, wenn ich Ihnen sage, dass weitaus mehr Menschen beginnen, ein spirituelles Leben zu führen, als wir es von außen erahnen.

Viele Menschen trauen sich nicht, darüber zu sprechen. Sie haben Angst, an ihrem Arbeitsplatz als Esoteriker verspottet zu werden.

Auch sogenannte Psychotanten werden schnell vorverurteilt. Zahlreiche Männer finden es äußerst peinlich, wenn sie vor anderen zugeben würden, dass sie sich für Spiritualität interessieren.

Und doch entsteht eine neue spirituelle Welle, die sich gleichmäßig und ruhig in den Industrieländern ausweitet.

Viele Menschen haben bereits erkannt, dass es einen Weg zum dauerhaften Glück gibt. Viele Menschen gehen diesen Weg bereits.

Kommen Sie mit! Versuchen Sie es!

Ihre innere Freiheit kennt nur die Grenzen, die Sie sich selbst setzen.

Hören Sie endlich auf, Ihr Leben mit angezogener Handbremse zu führen!

In Ihnen liegt ein großes Potential verborgen, von dem Sie (noch) nichts ahnen.

In Ihrer Freiheit steckt die enorme Kraft, glücklich zu sein.

Sie sind wie ein Stein, der in einen großen See fällt. Sie werden Kreise ziehen. Sie werden Menschen begeistern und Sie werden glücklich sein. Voller Güte, Weisheit und Liebe.

Wäre das nicht schön?

Kapitel 3:
Sind wir auf dieser Welt, um zu leiden?

Leid und Angst

Haben Sie sich auch schon manchmal gefragt, warum wir so oft leiden müssen?

Schalten wir den Fernseher oder das Radio ein, erfahren wir von den neuesten Gewalttaten, Umweltkatastrophen, Morden, Amokläufen, Kriegen, Unruhen und Streitereien.

In der Politik, in den Unternehmen, überall wird gemobbt, gelogen und gestritten.

Krankheiten, Tod, Schicksalsschläge, Ungerechtigkeiten, Intrigen und schmerzhafte Trennungen müssen wir Menschen über uns ergehen lassen. Wir sollen daran wachsen, das Unglück als Chance sehen. Und oft genug drohen wir daran zu zerbrechen.

Sie können die Geschichte der Menschheit bis in die tiefste Vergangenheit verfolgen – Kriege, Folter und Elend gab es schon immer.

Hunger, Kälte, Misshandlungen, gewaltsame Auseinandersetzungen, religiöse Schlachten um einen Gott sind und waren an der Tagesordnung.

Gehört das Leiden zu unserem Leben? Kann der Mensch nur im Leid überleben?

Warum leiden wir? Warum quält der Mensch Tiere, die Erde und sich selbst?

Eine Frage, die schwer zu beantworten ist.

Für mich steht fest, dass auch hier das Geld, der Status und die Macht ausschlaggebend sind.

Warum werden Legehennen in Batterien gehalten? Warum gibt es Massentierhaltung?

Warum roden wir den Regenwald?

Geht es nicht darum, noch mehr Geld zu verdienen? Den Profit zu erhöhen?

Ist es nicht so, dass die Endverbraucher, also wir alle, immer auf der Jagd nach Sonderangeboten und Schnäppchen sind?

Warum gibt es auch heute noch Kriege?

Werden Sie nicht ausgelöst durch Menschen, die hassen, die fanatisch sind, die ihr eigenes Recht durchsetzen wollen?

Ist es nicht so, dass Habgier, Neid, Kontrollsucht, Ignoranz und Dummheit schon immer viel Elend über die Menschen gebracht haben?

Geht es hier nicht auch wieder um Status, Reichtum und Macht?

Der Mensch verursacht immer wieder Leid.

Weil er an sich selbst und unter sich leidet.

Menschen, die selbst einen unerträglichen Schmerz in ihrem Inneren empfinden, verursachen Leid für andere.

Verwirrte, egogetriebene Menschen haben schon seit Jahrtausenden gemordet und misshandelt.

Egozentriker, die ihr eigenes Ego über alles, ins Zentrum der Welt stellen, können es nicht ertragen, wenn sie ins Abseits geschoben werden.

Sie werden, wenn es sein muss, auch mit Gewalt, ihren Ego-Willen durchsetzen.

Die Welt hat uns unzählige solcher Gestalten beschert. Und es werden immer wieder welche nachkommen.

Wie sollen wir also glücklich werden, wenn wir so oft und so schmerzhaft leiden müssen?

Um das Leiden zu verstehen, sollten wir uns die Zeit nehmen und uns anschauen, wie Leid entsteht und was wir tun können, um mit Leid umzugehen.

Die Wurzel des Leids ist immer Angst.

Nun ist es so, dass die wenigsten Menschen dazu in der Lage sind, offen und ehrlich zuzugeben, dass sie vor etwas Angst haben.

Haben Sie in einem Konzern schon einmal einen CEO erlebt, der an seine Mitarbeiter einen Brief geschrieben hat, in dem er offen zu seinen Ängsten steht?

Wie lange würde dieser Mensch noch auf seinem Chefsessel sitzen?

Ein ängstlicher Chef ist unmöglich.

Ein ängstlicher Anführer war schon immer undenkbar.

Und da wir uns seit der Steinzeit kaum verändert haben, ist es auch heute noch so, dass Anführer, Chefs und Alpha-Tiere immer noch angstfrei, furchtlos und aggressiv sein müssen, um von anderen anerkannt zu werden.

Um in menschlichen Gesellschaften Anführer zu werden, müssen diese angstfrei auftreten.

Besonders heute, im Zeitalter der Medien, sollten Sie couragiert und mutig in die Kameras lächeln und den Neidern und Konkurrenten Ihre perfekten Zähne zeigen.

In einer Leistungsgesellschaft ist Angst unerwünscht. Schon Kinder schließen ein ängstliches, unsicheres Kind aus ihrer Gemeinschaft aus und hänseln es. Wir alle kennen aus unserer Kindheit Fälle, in denen anderen Leid zugefügt wurde, weil sie sich ängstlich verhalten haben.

Ich möchte auch an dieser Stelle wieder an die klassische Erziehung von Jungs erinnern — Tränen hinunterschlucken, Angst verdrängen, stark sein, dem Gegner ins Auge schauen, auch wenn man sich dabei in die Hose macht.

Männliche Kinder werden systematisch auch heute noch trainiert, wenn es darum geht, als „richtiger Mann" aufzutreten.

Nun ist es der Angst aber ziemlich egal, wen sie vor sich hat. Die Angst steckt in jedem von uns. In Frauen genauso wie in Männern.

Seit Jahrtausenden sollen Männer angstfrei und souverän auftreten. Die Lage immer im Griff und die richtige Lösung immer in der Hosentasche parat haben.

Frauen wird auch heute noch Angst eher zugestanden. Zwar reden Frauen häufiger und ehrlicher über ihre Ängste, doch wie sie konstruktiv mit ihnen umgehen, hat auch ihnen keiner beigebracht.
Ängste sind und waren die größten Verursacher von Leid.
Den meisten Menschen sind ihre subtilen Ängste noch nicht einmal bewusst.
Unser Verstand ist schlau. Er verkleidet die Angst perfekt. Denn er möchte uns mit der Angst manipulieren und in seinem Sinne lenken und steuern.

Sorgen, Befürchtungen, Unsicherheit, innere Unruhe, Groll, Urteile und Bewertungen, Neid, Zorn und Kontrolle sind getarnte Ängste.

Hass, Eifersucht, Missgunst, Habgier, Verschwendungssucht und Unersättlichkeit basieren auf nicht bewussten Ängsten.

Alle Ängste entstehen aus unserem Ego.
Die Angst nimmt keine Rücksicht darauf, ob Sie ein Manager oder ein Sachbearbeiter sind. Ob Sie ein Mann oder eine Frau sind. Ob Ihre Bankkonten voll sind oder leer.
Die Angst ist eine bizarre Form, um uns von unserem Lebensglück abzuschneiden. Angst verursacht Schmerz, Leid und Krankheit.
Angst verändert unser Verhalten. Angst macht aggressiv und gewalttätig.

Das war zu allen Zeiten so und wird auch so bleiben.

Angst macht uns unglücklich. Aus Angst werden täglich Kriege geführt und Schlachten geschlagen.

Und da sich die Menschen ihrer Ängste nicht bewusst sind, wird die Angst auch in Zukunft ihr Spiel mit uns treiben.

Es sei denn, wir wachen auf aus unserer Unwissenheit und werden bewusst.

Das ist unsere einzige Chance.

Wenn Sie Mut haben, dann möchte ich Sie bitten, sich gemeinsam mit mir die verschiedenen Formen der Ängste anzuschauen.

Es gibt nur einen einzigen Weg, um mit Ängsten umzugehen: Wir müssen sie in unser Bewusstsein integrieren und sie dadurch auflösen.

Genau wie Pferde suchen ängstliche Menschen Fluchtwege.

Wege, um dem Druck und dem Schmerz zu entkommen.

Ängstliche Menschen sind nicht in der Lage, konstruktive Lösungen zu finden.

Unüberlegte Panikhandlungen, Trennungen, Schnellschüsse, die oft bereut werden, und Kündigungen, die logisch nicht zu erklären sind, werden aus Angst heraus begangen.

In unserer Leistungsgesellschaft ist natürlich eine Angst besonders verbreitet:

Die Versagens-Angst

Überall, wo viel Leistung gefordert wird, ist die Angst groß, den Anforderungen nicht zu genügen und zu versagen.

Versagensangst wird schon erfolgreich an unseren Schulen gezüchtet. Kinder werden oft ausschließlich für ihre Leistungen geliebt, die sie erbringen. Für gute Leistung gibt es ein Lob, für schlechte Leistung wird getadelt, bestraft und zu Fleiß gemahnt.

Unsere Kinder erkennen die Regeln unserer Gesellschaft recht schnell – nur „gute" Kinder sind geliebte Kinder.

Wie sollen wir uns daher wundern, dass später die Erwachsenen extrem unter Versagensängsten leiden?

Besonders Chefs leiden stark unter dieser Form der Angst, würden es aber niemals offen zugeben!

Die Angst, dem Druck nicht mehr gewachsen zu sein, die Leistung nicht mehr in der verlangten Form erbringen zu können, bringt viele Führungskräfte nachts um ihren Schlaf.

Schwächen und Unsicherheiten werden überspielt und vertuscht.

Aus unzähligen Gesprächen mit Direktionsassistentinnen weiß ich, welche Szenen sich in Vorstandsetagen abspielen, wenn der Silberrücken seinen Rang nach außen verteidigen muss.

Und natürlich gibt es mutige Führungspersönlichkeiten in meinen Coachings, die sich zu ihren Ängsten bekennen.

An dieser Stelle möchte ich diesen Herren danken, denn sie sind für mich die stärksten, weil sie ihre Angst bewusst wahrnehmen und auflösen wollen.

Es gibt die Angst vor schlimmen Krankheiten.

Vor allem Männer leiden oft daran. Welcher Mann kann sich schon ertragen, wenn er krank ist?

Das ist auch der Grund, warum Männer Vorsorgeuntersuchungen nur äußerst selten in Anspruch nehmen, auch wenn sie kostenlos angeboten werden. Ein Mann ist nicht krank.

Die Angst vor Leistungsabfall und Schwäche belastet viele Menschen. Schließlich ist dadurch der gesellschaftliche Status gefährdet.

Natürlich leiden die meisten von uns an der Angst, die wir überwiegend den Medien zu verdanken haben: der Angst, nicht mehr gut genug zu sein.

Durch den wahnsinnigen Jugendkult, den Schlankheitswahn und die Verherrlichung von äußerer Schönheit quält fast jeden von uns die Angst, zu dick, zu dünn, zu faltig, zu alt, zu unattraktiv oder zu unförmig zu sein.

Die Medien retuschieren Models. Size Zero ist das Maß aller Dinge. Männer hassen ihren Bauch, Frauen ihre Schenkel und ihren fetten Hintern.

Die Angst, nicht mehr dazuzugehören, treibt uns um.

Haben Sie schon einmal beobachtet, wie Menschen sich selbst verbiegen, wenn sie ein Bewerbungsgespräch vor sich haben?

Wie sie versuchen, perfekt auszusehen?

Wir machen uns selbst lächerlich mit dieser Angst, doch wir nehmen es nicht wahr.

Äußere Schönheit ist das Kriterium, das oftmals über Sein und Nichtsein entscheidet.

Am Arbeitsplatz, in Partnerschaften und auch bereits in Schulen.

Schauen Sie sich die Casting-Shows im Fernsehen an!

Menschen werden abgeurteilt und bewertet.

Es ist furchtbar, dieses Leid mit ansehen zu müssen! Doch die schlimmste Perversion liegt darin, dass wir bewusst mit Versagensängsten von jungen Menschen spielen.

Eine unterschätzte Form der Versagensangst grassiert heimlich in den Betten der Leistungsmenschen. Die Angst, beim Sex zu versagen, ist immens groß.

Denn unterhalb der Gürtellinie herrscht Schweigepflicht. Ein Mann muss eine Frau befriedigen können – und ein Leistungsmann, der den Anspruch an sich hat, immer zu können, bricht sprichwörtlich in sich zusammen, wenn ihm sein eigenmächtiges Körperteil schlimme Streiche spielt und ein Eigenleben führt, das mit den Vorstellungen des Besitzers nicht konform geht.

Die Angst vor Impotenz und Potenzverlust belastet viele Männer.

Die Milliardenumsätze von Apotheken im Internet, bei denen ohne Rezept eingekauft werden kann, sprechen ihre eigene Sprache.

Viagra ist der Renner. Es gibt für Leistungsmänner nichts Schlimmeres, als ein Schlappschwanz zu sein.

Frauen sind genauso von Versagensängsten getrieben. Die Angst, nicht schön und attraktiv genug zu sein, lässt viele Frauen unter der Bettdecke verschwinden. Frauen fürchten beim Sex das Tageslicht. Die Konkurrenz aus den Hochglanzmagazinen und die klapperdünnen Models machen ihnen das Leben schwer.

Weibliche Rundungen und Kurven müssen kaschiert und weggemogelt werden. Busen müssen gewonderbrat werden. Bäuche müssen während des Sex eingezogen werden. Schenkel müssen verborgen und Hintern versteckt werden. Wie soll da um Gottes Willen noch ein entspannter Orgasmus möglich sein?

Während der Leistungsmann beim Sex sein eigenwilliges Körperteil streng im Auge behält, die Partnerin mit Berührungen beglückt, die er in Men's Health oder GQ gelesen und auswendig gelernt hat, stöhnt die Leistungsfrau in gleichmäßigen Intervallen, um ihm ihre Ekstase mitzuteilen.

Würde einer dem anderen seine Angst zu versagen eingestehen? Niemals!

Sex ist ein ernstes Thema. Da verstehen wir keinen Spaß. Und um das Prädikat „Gut im Bett" zu bekommen, verdrängen wir unsere lästigen Ängste, so gut es geht, und sind froh, wenn wir mal wieder eine Runde körperlicher Nähe gut überstanden haben.

Sie merken, wie vielfältig unsere Ängste sind!

Eine andere Angst, die der Versagensangst in nichts nachsteht, ist

Die Verlustangst

Sie verursacht schlimmes Leid bei allen Leistungsmenschen, die auf der Suche nach ihrem Lebensglück sind.

Die Verlustangst quält uns jeden Tag. Sie lässt schlimme Gedanken durch unseren Kopf jagen, die uns foltern und misshandeln.

Die Angst, den Arbeitsplatz zu verlieren, ist unvorstellbar groß. Die Angst, den mühsam erreichten Wohlstand zu verlieren, ist latent immer vorhanden.

Die Angst, Geld, Status, Besitz oder Macht zu verlieren, steckt jeden Tag in uns.

Manchmal mehr, manchmal weniger bewusst.

Wir mobben, streiten, intrigieren aus dieser Angst heraus. Wir stürzen uns in schlimme Konflikte. Angst lähmt unser Mitgefühl und wir verteidigen das, was wir haben, bis auf's Blut.

Verlustangst hat Kriege ausgelöst. Verlustangst macht Menschen zu Feinden.

Leider verdrängen wir diese kraftvolle Angst.
Und so verursachen wir schlimmes Leid.

Genauso haben wir große Angst, einen für uns wichtigen, vertrauten und geliebten Menschen zu verlieren.

Sogar Morde geschehen aus Verlustangst.

Immer wieder können wir in der Tagespresse lesen, dass eine Ehe in einem Mord endete, weil sich meistens die Frau von ihrem offensichtlich ungeliebten Mann trennen wollte und der sich dann mit dem herben Verlust offensichtlich nicht abfinden konnte und seine Frau umbrachte. Beziehungstaten werden diese von einer unbändigen Angst verursachten Grausamkeiten landläufig genannt.

Eifersucht bringt großes Leid in Beziehungen.

Wir reden uns damit heraus, indem wir dem anderen erklären, dass Eifersucht zur Liebe dazugehört.

Wir wollen dem anderen unsere Angst als Liebesbeweis verkaufen! Wie seltsam komisch!

Wie ich bereits erwähnt habe, drehen viele Männer durch, wenn die Partnerin sich von ihnen trennen möchte.

Sie kommen mit dem Verlust nicht klar und werden von einer gewaltigen Angstwelle überrannt, die ihnen ihre eigene Ohnmacht vor Augen hält.

Sie schlagen zu oder töten ihre Partnerin in extremen Fällen. Der Bankdirektor macht das genauso wie der Autoverkäufer.

Wenn Männer durchdrehen, steckt immer eine Form von unverarbeiteter großer Angst und Hilflosigkeit dahinter.

Kränkungen und Verletzungen aus der Vergangenheit, die durch aktuelle Ereignisse wieder aufleben, lassen Menschen zu Bestien werden.

Angst ist ein vollkommen unterschätzter Glückskiller! Wir sind uns darüber nicht bewusst!

Eine weitere, Leid bringende, Form der Angst ist

Die Konkurrenzangst

Auch hier werden die Wurzeln schon in der Kindheit gelegt. Die Konkurrenz schläft nie. Immer gab es ein Kind neben uns, das lieber, klüger, schöner, lustiger, fleißiger oder beliebter war als wir. Das tat uns schon immer weh und tut es heute noch.

Unser intelligentes Schulsystem zeigt Kindern klar und deutlich, wie wertlos sie sind, wenn die Schulnoten eine Drei übersteigen.

Leistungseltern und Leistungslehrer quälen Kinder und zerstören perfekt jeden zaghaft keimenden Selbstwert, indem sie Kinder in Zahlen von eins bis sechs beurteilen und bewerten.

Ich halte dies für eine Grausamkeit in unserer Gesellschaft, die ich niemals nachvollziehen kann und die furchtbarstes Leid verursacht und Kinderseelen tief verletzt.

Sitzen bleiben oder eine Klasse wiederholen müssen ist der perverse Auswuchs des Leistungsmessens. Der Versager wird gekürt, krümmt sich vor Seelenschmerz und wird obendrein noch ausgelacht!

Ist das nicht entsetzlich? Und seit Jahrzehnten setzen wir unsere Kinder diesem Leid aus, ohne etwas daran zu verändern!

Die Leistungsmenschen tragen diesen tiefen Schmerz aus Kindheitstagen noch immer unverarbeitet mit sich herum. Und wenn dann der erwachsene Leistungsmensch an seinem Arbeitsplatz beliebtere, besser qualifiziertere und attraktivere Kollegen um sich hat, fängt er an zu treten und zu beißen.

Konkurrenzangst ist schlimm. Wir fürchten die Konkurrenz überall im Leben. Unser Partner könnte eine Frau kennenlernen, die netter, klüger und unterhaltsamer ist, als wir.

Oder unser Chef könnte einen Kollegen befördern, der kompetenter oder jünger ist als wir.

Und unsere Lebenspartnerin könnte sich in einen Mann verlieben, der reicher ist als wir und obendrein noch besseren Sex macht.

Konkurrenzangst in ihrer leidvollsten Form!

Tief in uns allen gibt es noch eine weitere Form der Angst:

Die Existenzangst und die Zukunftsangst

Die Angst vor der Zukunft kann uns zeitweise lähmen und das Leben schwer machen. Besonders in Zeiten einer Wirtschaftskrise wissen viele Menschen nicht, was in Zukunft noch an schlimmen Dingen über sie hereinbrechen wird. Die Angst, das Erreichte wieder zu verlieren, bringt uns um. Wir klammern an unserem Geld wie Kletten.

Wir sind felsenfest davon überzeugt, dass wir nicht mehr weiterleben könnten, wenn sich unser Wohlstand verschlechtert, wir unseren Besitz verlieren oder unser Geld den Bach runtergeht.

Die Angst, sich in Zukunft vielleicht einschränken zu müssen, ist für uns unerträglich.

Schließlich definieren wir unsere Wichtigkeit und unseren Wert über unseren Besitz und unseren Status.

Weniger Statussymbole bedeutet, dass wir weniger wert sind. Unvorstellbar!

In Zukunft nicht mehr so erfolgreich zu sein wie heute, macht uns schlaflose Nächte.

Die Vorstellung, kürzer treten zu müssen, Abstriche machen zu müssen, auf Luxus und Kommerz verzichten zu müssen, löst große Ängste in uns aus.

Wir wollen uns damit nicht beschäftigen. Soll es doch die anderen treffen, aber bloß nicht uns!

Neben diesen großen, massiven Ängsten, die ich gerade genannt habe, gibt es noch einige „individuellere" Ängste, die nicht alle Menschen betreffen.

Je nach eigener Biographie gibt es noch andere Formen der Angst, die bei dem einen mehr und bei dem anderen weniger stark wirksam sind.

Es gibt zum Beispiel Trennungsängste, von denen recht viele Frauen geplagt werden.

Die Angst, den Partner zu verlieren, belastet ihr Leben.

Oft ist es nicht nur die Angst um den Partner, sondern die Sorge, wie ihr Leben weitergehen soll, wenn der Partner und somit auch Wohlstand, Reichtum und Status aus dem Leben verschwinden.

Viele Gattinnen von Doktoren, Ministern oder Direktoren sind nach wie vor konservativ geprägt.

Sie halten dem erfolgreichen Mann den Rücken frei. Oft über Jahrzehnte. Sie kümmern sich liebevoll um Kinder, Haus und Garten.

Für diese Frauen ist es dann besonders schmerzlich, wenn sie eines Tages erkennen müssen, dass der treu sorgende Gatte andere, neue Ziele verfolgt, bei denen ihnen keine Bedeutung eingeräumt wurde.

Wir alle kennen die Geschichten, wenn Herren im reiferen Alter einen Neustart mit der Sekretärin hinlegen, um mit dieser neuen, jüngeren Frau noch einmal alles nachzuholen, was mit der Gattin versäumt wurde.

Diese Trennungsängste führen oftmals bei den betroffenen Frauen zu psychosomatischen Krankheitssymptomen, die sie jedoch selten mit ihrer Angst in Verbindung bringen.

Andere Ängste, die vor allem Männer betreffen, sind die Bindungsangst, die Angst vor Nähe, die Angst, mit den eigenen Gefühlen konfrontiert zu werden, sich mit dem eigenen Schmerz auseinandersetzen zu müssen, ganz allgemein auch die Angst vor Frauen.

Bitte lachen Sie jetzt nicht. Die Angst der Männer vor Frauen ist nicht zu unterschätzen!

Selbstverständlich gibt das kein einziger Mann zu, wenn Sie ihn darauf ansprechen.

Jeder Mann würde seine Witze darüber reißen, wenn er hören würde, dass Männer Angst vor Frauen haben sollen.

Klar, wie lächerlich würde es auch wirken, wenn ein Mann offen zugeben würde, dass ihm Frauen unheimlich sind.

Doch für viele Männer sind Frauen eine sehr kraftvolle heimliche Bedrohung, vor der „mann" sich schützen muss.

Sehr viele Männer sind von ihren Gefühlen abgeschnitten. Rein vom Kopf gesteuert leben und planen sie ihr Leben.

Mit Leben meine ich Berufsleben, denn das gibt ihnen ihre Identität und Bedeutung.

Der Wert eines Mannes wird an der beruflichen Position gemessen.

Wenn Männer sich nun verlieben, sind sie mit einer Menge von Gefühlen konfrontiert, die ihnen unheimlich sind.

Zwar fühlt sich verliebt sein für Männer erst einmal gut an, macht Lust auf viel Sex und Nähe, wird am Anfang akzeptiert, doch bald wird ihm dieser Gefühlswirrwarr suspekt.

Wenn die Frau sich öffnet und dem Mann überschwenglich ihre Liebe zeigt, ist der Zeitpunkt für viele Männer gekommen, um die Flucht zu ergreifen.

Haben Sie solche Situationen auch schon erlebt?

Es überfordert viele Männer, sich einer Frau dermaßen „ausgeliefert" zu sehen.

Sie haben große Angst, verschlungen zu werden, sich aufzulösen und nicht mehr Herr der Lage zu sein.

Männer schätzen Kameradschaft. Doch die Liebe zu einer Frau überfordert sie oft.

Schnell wird dann der Rückzug in die schützende Höhle angetreten, um Abstand zu der Frau zu bekommen, die solch mächtige Gefühle in ihm auslöst.

Frauen sind dann zutiefst verletzt. Sie fühlen sich schlecht behandelt und vom Mann missverstanden.

Wenn Frauen wüssten, dass es die Angst ist, die die Männer in die Flucht schlägt, könnten sie mit der Situation gelassener umgehen und nicht die Schuld bei sich selbst suchen.

Die Angst der Männer vor Frauen kann sehr groß sein. Ein sicherer Mann mit einem guten, gewachsenen Selbstwert kann sich immer mit Frauen und damit auch mit seinen Gefühlen friedlich auseinandersetzen.

Da die meisten Männer jedoch dazu nicht in der Lage sind, gibt es viel Leid zwischen Männern und Frauen.

Sich zu verlieben ist schön. Probleme erscheinen klein und unwichtig. Leichtigkeit, Freude und gute Laune stellen sich ein. Alles geht plötzlich so einfach von der Hand. Das Gefühl zu fliegen und sein Leben endlich im Griff zu haben, lässt das Pärchen glücklich strahlen. Ein wundervoller Hormonrausch, der wirklich süchtig machen kann!

Bis die Geschichte kippt und die Angst uns zur harten Realität zurückführt.

Männer haben Frauen schon immer gefürchtet.

Die Dominanz der Mutter, die Abwesenheit der meisten Väter, die weibliche Übermacht in den ersten Lebensjahren eines Jungen, kann Ängste erzeugen. Wenn der Mann es nicht gelernt hat, sich mit diesen Ängsten auseinanderzusetzen, wird er niemals glückliche Beziehungen mit Frauen führen können.

Sie werden weiter ihre kindischen Witze über Frauen reißen und sich aus Unsicherheit über Frauen lustig machen und sie verhöhnen.

Damit machen sie sich selbst lächerlich und sie werden immer allein bleiben.

Als letzte Angst möchte ich noch die Angst vor Konflikten erwähnen.

Wir sehen diese Angst überall. In der Politik, in Unternehmen, in Familien – überall werden Konflikte ausgesessen und es wird eisern geschwiegen.

Die Angst, es könnte sich vieles verändern, falls wir Konflikte offen ansprechen würden, lässt uns oftmals schweigen.

Wie viele Ehen werden auf der Basis des Schweigens geführt?

Wer hat denn schon den Mut, ein frustrierendes Sexleben, Vernachlässigung oder Kränkungen offen und direkt anzusprechen?

Über Wochen, Monate und sogar Jahre wird geschwiegen, die Angst vor Konflikten lässt es nicht zu, dass wir ehrlich miteinander umgehen.

Würden wir die Konflikte sachlich austragen, dann müssten wir uns mit Veränderungen konfrontieren. Davor haben wir Angst. Wir müssten vielleicht unseren Arbeitsplatz aufgeben, weil die Kollegen für uns unerträglich sind, oder wir müssten die Abteilung wechseln, weil der Chef uns ständig ignoriert, oder wir müssten unsere Ehe auflösen.

Die Angst, Konflikte anzugehen und aufzulösen, sitzt tief in uns. Wir haben Angst, der Wahrheit ins Gesicht sehen zu müssen.

Auch diese Angst ist ein großer Glückskiller, weil sie uns lähmt und wertvolle Lebensenergie aus uns abzieht.

Das Schweigen, Dulden und Aushalten kostet viel Kraft. Zudem werden wir wiederum mit psychosomatischen Krankheitssymptomen konfrontiert, die wir nicht haben wollen und uns irgendwann doch zum Handeln zwingen.

Wie Sie sehen, können Ängste unser Leben enorm aus dem Gleichgewicht bringen.

Das Schlimme ist dabei, dass meistens mehrere Ängste gleichzeitig in uns wirken, die uns jedoch nicht bewusst sind.

So sind wir zum Leiden verurteilt.

Dieses Leiden wird erst dann ein Ende haben, wenn wir den Mut besitzen, nach innen zu schauen.

Erst dann, wenn der „Leidensdruck" für uns zu groß ist, handeln wir.

Das ist bedauerlich, denn wir haben dann sehr viel kostbare Lebenszeit und Energie verschenkt.

Oft brauchen wir auch massive Krankheiten und Schicksalsschläge, um endlich aus einer unerträglichen Lüge aufzuwachen.

Auch das ist schmerzhaft. Doch wir Menschen leben sehr unbewusst. Der Blick in unser Inneres ist unangenehm und so verdrängen und vertuschen wir, bis wir zum Hinsehen gezwungen werden.

Warum brauchen wir das Leid, die Krise, den Schmerz, um aufzuwachen?

Ist es eine Eigenart von uns Menschen, am Leid festzuhalten, bis es uns fast umbringt?

Lassen Sie uns im nächsten Kapitel anschauen, warum wir offensichtlich zum Leiden gezwungen werden.

Kapitel 4:
Das Ego –
unser größter Glückskiller

Über unser Ego wird viel geredet. Wir sind egoistisch, egozentrisch und egoman.

Doch was bedeutet es, wenn wir „ichbezogen" sind, wenn wir unser ICH in den Mittelpunkt, in das Zentrum unseres Lebens stellen?

Warum besitzen Menschen ein Ego? Warum manipuliert uns unser Ego und verhindert, dass wir glücklich werden?

Lassen Sie uns das Ego genauer anschauen und herausfinden, wie und warum es entsteht. So haben Sie die Möglichkeit, Ihrem Ego die Macht zu nehmen und sich nicht weiter von ihm manipulieren zu lassen.

Haben Sie schon einmal kleine Kinder beobachtet? Säuglinge und Krabbelkinder, die noch relativ „unerzogen" sind?

Ist Ihnen auch aufgefallen, wie entspannt und gelassen diese Kinder immer den Moment erleben, in dem sie gerade sind?

Sie sind immer vollkommen präsent, gegenwärtig.

Menschliche Kinder brauchen viel Nähe, Wärme, Geborgenheit und Vertrauen. Sie brauchen verlässliche Erwachsene. Bezugspersonen, die sich Zeit nehmen, die seelische Nahrung in Form von Gehaltenwerden, Verstandenwerden und Geliebtwerden anzubieten.

Wenn Kinder gut gedeihen und einen stabilen Selbstwert entwickeln sollen, dann müssen sie die Chance bekommen, ein stabiles Wurzelwerk ausbilden zu können.

Stabil verwurzelte Kinder und später auch Erwachsene stehen gut im Leben, wanken manchmal im Sturm, doch sie fallen nicht um.

Gute, liebevolle menschliche Beziehungen, die das Kind auf vertrauensvolle Weise zurückspiegeln, lassen ein Kind mutig in die Welt gehen. Dieses Kind traut sich etwas zu. Dieses Kind konnte ein stabiles Rückgrat ausbilden. Dieses Kind wird glücklich und erfolgreich sein.

Erinnern Sie sich an kleine Krabbelkinder!

Ist es nicht bezaubernd, wie mutig und sicher diese Kinder auf die Welt zugehen?

Wenn sie fallen, stehen sie immer wieder auf.

Sie fühlen sich stark und sind gut, so wie sie sind. Sie lachen und weinen, wenn sie der Meinung sind, lachen und weinen zu müssen.

Sie sind eins mit der Welt. Sie vertrauen ihren Bezugspersonen und entwickeln daraus ihr eigenes Urvertrauen, das sie für ein glückliches Leben brauchen.

Noch unerzogene Säuglinge und Kleinkinder kämen niemals auf die Idee, dass etwas an ihnen nicht stimmen könnte.

Genau so, wie sie sind, sind sie glücklich.

Sie schreien, wenn sie Hunger haben. Dabei ist der seelische Hunger nach Nähe und Geborgenheit genauso verlangend wie der körperliche Hunger nach Nahrung.

Sie weinen, wenn etwas weh tut. Sie lachen und strahlen, wenn sie zufrieden sind und alle Bedürfnisse gestillt wurden.

Schauen Sie sich ein Krabbelkind an, das zu laufen beginnt. Unermüdlich versucht es, aufzustehen. Niemals würde es aufgeben!

Schauen Sie sich an, wie neugierig und wissensdurstig kleine Kinder sind. Alles wollen sie „begreifen". Alles muss untersucht, mit dem Mund geschmeckt und erforscht werden.

Ein Kleinkind traut sich eine Menge zu. Es ist selbstbewusst und voller Antrieb, immer weiterzugehen.

Es ist felsenfest davon überzeugt, dass mit ihm alles richtig ist. Es ist alles gut, so wie es ist.

Es braucht seine seelische und körperliche Nahrung, dann wird es voller Vertrauen heranwachsen und gut gedeihen.

Kleinkinder sind mit sich selbst im Reinen. Sie nehmen sich so an, wie sie sind.

Sie akzeptieren Misserfolge, lassen sich nicht entmutigen und versuchen dasselbe gleich noch einmal.

Es ist immer wieder traumhaft schön, diese kleinen, gesunden Menschen zu beobachten!

Es geht einem das Herz auf, wenn man in diese wissenden, klaren Augen schaut!

Wie viel Universum und Göttliches steckt in so einem kleinen Kind!

Nun ist es aber so, dass seit tausenden von Generationen Kinder erzogen werden. Erwachsene sind der Meinung, dass ein Kind nichts werden kann, wenn es nicht erzogen wird.

Je nach gesellschaftlicher Schicht, sozialem Hintergrund und Geldbeutel der Eltern bekommen Kinder ein spezielles Erziehungsprogramm übergestülpt, dem sie sich unterwerfen müssen.

Erziehung bedeutet, dass Erwachsene beginnen, an dem Kind herumzuziehen.

Der eine zieht dahin, der andere dorthin. Je nachdem, was dem Erwachsenen wichtig ist, bekommt das Kind eine bestimmte Erziehung zu spüren.

Wichtig bei der Erziehung war schon immer, dass der Erwachsene davon überzeugt ist, dass sie „gut" für das Kind ist.

Das Kind kann und darf dazu nicht viel sagen.

Kann es ja auch noch nicht, schließlich fehlt ihm dazu das Bewusstsein.

Wurde und wird ein Kind nun in unsere Leistungsgesellschaft hineingeboren, dann wird ihm recht schnell vermittelt, was den Erwachsenen wichtig ist.

Schließlich mussten alle Erwachsenen selbst so ein Erziehungsprogramm durchlaufen und haben am eigenen Leib erfahren, wie es sich anfühlt, erzogen zu werden.

Trotz eigener Seelenschmerzen, Kränkungen und Verletzungen machen Erwachsene bei ihren Kindern genau das Gleiche wieder.

Sie sind unbewusst, meinen, es müsse so sein, und sehen keine Alternative.

Sie kennen es nicht anders. Sie sind davon überzeugt, dass ihr Kind nur so gut gedeihen kann.

Denn wird ein Kind „nicht erzogen", dann gibt es nur noch „Laissez-faire" und unerzogen.

Und das geht gar nicht.

Also beginnen Erwachsene so schnell und so früh wie möglich mit der Erziehung ihrer Kinder.

Säuglinge werden dazu „erzogen", alle vier Stunden gestillt zu werden. Die Abstände gibt ein fürsorglicher Kinderarzt vor, der das irgendwann einmal an der Uni gehört hat.

Oder unsichere Jungeltern bemühen Ratgeber und Sachbücher, die ihnen die Stillintervalle vorgeben. Dann gibt es noch Ratschläge für Eltern, die ihnen sagen, wann und wo Kinder einzuschlafen haben. Wie lange Säuglinge schreien dürfen und ab wann Zärtlichkeit und Nähe zu viel sind und den kleinen Menschen „verwöhnen" und „verweichlichen".

Mir stellen sich in meinen Beratungen immer die Haare zu Berge, wenn ich miterleben muss, wie Eltern ihre kleinen Kinder mit einer Erziehung beglücken, die nichts bewirkt, außer großen seelischen Schaden anzurichten.

Unbewusste Eltern verletzen ihre Kinder, ohne sich darüber im Klaren zu sein.

All das wird dann mit dem Erziehungstitel versehen: Wir wollen das Beste für unser Kind!

Woher wollen wir denn wissen, was das Beste für unser Kind ist?

Obwohl die meisten von uns unter ihrer eigenen Erziehung gelitten haben, machen sie doch dasselbe wieder. Ist das nicht albern?

Eltern in Leistungsgesellschaften haben nur ein Ziel: Sie wollen ein erfolgreiches, starkes Kind.

Da nun die Eltern selbst unter diffusen Ängsten leiden, seelischen Schaden in der eigenen Erziehung erlitten haben, bei der Erziehung ihrer Kinder unsicher und manchmal auch überfordert sind, fügen sie sich und ihren Kindern viel Leid zu und schneiden sich vom Lebensglück ab.

Es gibt eine Erziehungsformel, die in unserer Leistungsgesellschaft angewendet wird, wenn Kinder erzogen werden:

Viel Lernen und viel Leistung bedeuten viel Erfolg.
Viel Erfolg bedeutet viel Geld.
Viel Geld bedeutet viel Konsum.
Viel Konsum bedeutet viel Glück.

Diese Formel wird in allen Industrienationen angewandt. Sie führt überall zu Frustration, Lieblosigkeit, Krankheit, Elend, Misstrauen, Neid und Gewalt.

Doch wir leben in so einem hohen Grad von Unbewusstheit, dass wir diese Formel von Generation zu Generation weitergeben und somit immer unglücklicher werden.

Säuglinge und Kleinkinder werden so über Nacht zu Leistungskindern von Leistungseltern. Zwar wünschen sich alle Eltern glückliche, starke und gesunde Kinder, doch sie tun unbewusst alles dafür, um genau dies zu verhindern.

Wieder ein Paradoxon in unserer Gesellschaft!

Wir können darüber nur staunen.

Und wenn es nicht so tragisch wäre, dann könnten wir sogar darüber lachen.

Durch unsere Unwissenheit fügen wir unseren kleinsten Kindern eine Menge seelischen und körperlichen Schmerz zu.

Säuglinge spüren große Existenzangst, wenn wir sie schreien lassen.

„Der ist satt, der schreit nur so", höre ich immer wieder unwissende Mütter sagen, wenn sich ihr Säugling im Maxi-Cosi oder im Kinderwagen die Seele aus seinem kleinen Leib brüllt.

Dass ihr Säugling seelische Nahrung in Form von Nähe und Gehaltenwerden braucht, wissen Leistungsmütter meistens nicht.

Auch im Krankenhaus auf der Entbindungsstation hat ihnen das keiner gesagt.

Kleinkinder und Säuglinge werden schon mit ersten Formen von Bestrafung konfrontiert.

„Geh in dein Zimmer und komm wieder raus, wenn du wieder normal bist!", bekommen Kleinkinder gesagt, wenn sie wütend sind und schreien oder wenn sie weinen, weil sie traurig sind.

Gefühle, die Erwachsene schon nicht bei sich selbst ertragen können, wollen sie auch nicht bei ihren Kindern sehen.

Leistungseltern tun alles dafür, um das Beste für ihr Kind zu ermöglichen.

Eltern machen Pläne. Eltern treffen Entscheidungen. Eltern suchen Hobbys aus und Eltern sagen ihrem Kind, was es tun und was es lassen soll.

Das Kind verinnerlicht immer mehr, dass es so, wie es ist, nicht richtig, nicht gut genug ist.

Das Kind spürt die Ablehnung seiner Eltern, wenn es seine Gefühle so zeigt, wie es sie in diesem Moment empfindet.

Das Kind fühlt sich immer weniger geliebt und angenommen.

Eines wird ihm im Laufe der Zeit immer klarer.

Die versteckte Botschaft seiner Eltern lautet:

Sei nicht so, wie du bist, sondern so, wie wir dich haben wollen!

Das alles geschieht unbewusst, die Eltern wollen ihr Kind weiß Gott nicht verletzen und dennoch tun sie es.

Sie selbst wurden auf diese Weise großgezogen. Sie selbst sind verletzt. Doch sie wissen es nicht. Sie halten diese Erziehung für „normal".

Das Kind zieht sich immer mehr zurück. Auch das geschieht unbewusst. Das Kind ist sich darüber nicht im Klaren. Doch das Kind spürt immer mehr, dass es sich verändern muss, um die Liebe und Zuwendung seiner wichtigsten Bezugspersonen zu bekommen.

Die Liebe seiner Eltern und seiner nächsten Umgebung ist für Kinder die Lebensessenz. Ohne Liebe können Kinder nicht überleben oder sie tragen schwere psychische Schäden davon.

Also beginnen Kinder, sich anzupassen. Sie werden so, wie die Erwachsenen sie haben wollen. Sie beginnen, ihre wahren und echten Gefühle zu verleugnen und zu verstecken.

Sie benehmen sich so, um die überlebenswichtige Liebe der Erwachsenen zu bekommen.

Sie sind ein braves Kind. Sie wollen kein „böses" Kind sein.

Sie machen immer mehr, was von ihnen erwartet wird. Sie biegen sich zurecht, sie passen sich an, um „geliebt" zu werden.

Tragischerweise spaltet sich das Kind so immer mehr von sich selbst ab.

Das eigene, wahre, ursprüngliche ICH wird verleugnet, nicht mehr gespürt und nicht mehr gehört.

Die eigenen Gefühle werden unterdrückt, verdrängt und „weggemacht".

Wut, Traurigkeit, Zorn und Leid werden immer weniger nach außen gezeigt.

So möchte das Kind vermeiden, dass es von den Erwachsenen getadelt oder im schlimmsten Fall bestraft wird.

Das eigene, echte, wahre ICH stirbt immer mehr ab. Schritt für Schritt wird das Leistungskind geboren, ein Kind, das das Beste von seinen Eltern bekommt. Ein Kind, das gerade beginnt, sein Ego aufzubauen.

Tragisch und traurig zugleich. Und alles vollkommen unbewusst.

Die eigenen Impulse, Ideen, Wünsche, Bedürfnisse des Kindes werden immer mehr in den Hintergrund gedrängt.

Das Kind begreift immer mehr, dass hier nicht maßgeblich das wichtig ist, was ihm wirklich guttut, sondern dass die Wünsche und Erwartungen seiner Eltern erfüllt werden sollen.

Sie alle kennen diese Beispiele:

Kindergartenkinder, die fast jeden Nachmittag verplant und eingespannt sind.

Mütter, die ihre Kinder für eine halbe Stunde Flötenunterricht durch die ganze Stadt karren.

Schulkinder, die bereits in der zweiten Grundschulklasse auf die Grundschulempfehlung hinbüffeln. Sie lernen nicht, weil es ihnen Spaß macht, sondern weil sie aufs Gymnasium sollen.

Kinder, die nur noch daheim am Schreibtisch sitzen und lernen. Kinder, die keinen Sport mehr treiben, weil sie keine Zeit dazu haben.

Kinder, die keine Freundschaften pflegen dürfen, wie sie es wollen, sondern wie die Eltern es für gut empfinden.

Kinder, die, um Liebe zu bekommen, gute Schulnoten schreiben. Denn für eine Eins werden sie „geliebt" und für eine Fünf oder Sechs werden sie abgelehnt.

Leistungskinder sind traurige, verletzte Kinder. Ihre Seele schreit nach Nahrung, die ihr vorenthalten wird.

Träumen, vor sich hinspielen, den Moment genießen – das ist bei Leistungskindern nicht gefragt.

Ganz den Augenblick spüren, bei sich sein, das eigene ICH mit all seinen Gefühlen fühlen zu dürfen, das ist reine Zeitverschwendung.

Leistungskinder haben einen vollen Terminkalender und Mütter, die darüber wachen, dass auch kein Termin vergessen wird. Und Väter, die genau das Ideal vorgeben, das die Kinder erreichen sollen.

Wundert es uns, dass wir so immer mehr Kinder bekommen, die sich zudröhnen, bekiffen und besaufen?

Was bleibt denn anderes als die Sucht, wenn man gezwungen wird, das eigene ICH abzulehnen?

Die Flucht in Scheinwelten am Computer oder durch Drogen sollen bei der Suche helfen.

Sucht ist immer eine Suche nach sich selbst.

Begreifen Sie, warum immer mehr Kinder und Jugendliche süchtig werden?

Das Kind beginnt sich durch die Erziehung seiner Eltern, Großeltern, Lehrer und sonstigen Bezugspersonen immer mehr abzulehnen.

So, wie es ist, so soll es nicht sein.

Seine eigenen, echten, wahren Gefühle sind unerwünscht.

Es soll einfach funktionieren.

Und so begegnen unseren Kindern schon ganz früh die Negativbegleiter unserer Leistungsgesellschaft: Leistungsdruck, Zeitdruck, Notendruck, Konkurrenzdruck, Erfolgsdruck und Perfektionsdruck.

Das Kind spaltet sich immer mehr von sich selbst ab. Das kleine Ego wird immer stärker und übernimmt immer mehr das Denken und Handeln des Kindes – sein Verstand wird geboren.

Ein kleiner Egoist reift heran.

Schon früh stellt er seine eigenen Interessen ins Zentrum des Geschehens.
Ich muss immer lachen, wenn ich die Ratgeberbücher sehe, mit den bezeichnenden Titeln wie „Der kleine Tyrann", „Warum Kinder zu Führern werden" usw.
Wir züchten das Ego unserer Kinder und wundern uns dann, wenn wir mit diesem Ego konfrontiert werden!
Schon wieder ein Paradoxon!
Geschehen durch Unwissenheit und Unbewusstsein. Wir wissen es nicht besser. Wir alle wurden so erzogen.
Wir sind Opfer unserer Umstände auf der Suche nach dem Glück.

Im Laufe der Jahre gerät das eigene ICH unserer Kinder immer mehr in den Hintergrund.
Die Abspaltung wird immer massiver.
Bei Jungs noch extremer als bei Mädchen.
Denn Jungs sollten schon von jeher ihre wahren Gefühle verstecken und verleugnen.
So sind Jungs die großen Verlierer im Spiel ums Glück.

Die Essenz in der heutigen Kindererziehung liegt darin, dass das Kind lernt, was es „soll" und „muss".

Du sollst studieren. Du musst mehr lernen. Du sollst dein Zimmer aufräumen. Du sollst ein besseres Zeugnis heimbringen ...
Du sollst nicht so viel weinen. Du musst in unserer Firma arbeiten ...

Das Kind verbringt während seiner Kindheit viel Zeit damit, um auf die Leistungsgesellschaft vorbereitet zu werden.

Es lernt, dass eigene, wahre Gefühle unerwünscht sind, und begreift, dass Geld die Währung ist, mit der alles bezahlt wird.

Und es hört immer mehr auf sein Ego — auf seinen antrainierten Verstand und verdrängt immer mehr seine eigenen Gefühle.

Sein eigenes, ursprüngliches wahres ICH wird immer schwächer. Am Schluss wird es nur noch diffus wahrgenommen.

Das Ego, der Verstand, wird immer mächtiger.

Das Kind wird schließlich resignieren und sich seine individuelle Ego-Maske aufsetzen.

Es ist zum vollwertigen Mitglied unserer Gesellschaft geworden.

Es hat sein eigenes ICH abgelehnt. Es hat eine neue, künstliche Identität angenommen.

Bitte beachten Sie, dass dies alles unbewusst geschieht!

Weder den Erwachsenen noch den Kindern ist klar, was hier vor sich geht!

Wenn das Kind über Jahre gelernt hat, dass sein wahres ICH hier nicht gefragt ist, dann hat es die Prüfung bestanden!

Es hat ein stark ausgebildetes Ego – ein falsches Selbst, ein falsches, künstliches ICH.

Es trifft so gut wie alle Entscheidungen mit dem Kopf – dem Verstand.

Es verdrängt und verleugnet seine Gefühle, es spürt sich selbst nicht mehr –

ES HAT SICH SELBST VERLASSEN.

Es wurde zu diesem Schritt gezwungen, sonst hätte es keine „Liebe" bekommen, sonst hätten es seine Bezugspersonen abgelehnt und somit hätte das Kind nicht überleben können.

Nun ist das Kind, das eine künstliche Maske trägt, ein vollwertiges Mitglied in unserer Gesellschaft.

Es nimmt teil am Leid und ist von nun an immer auf der Suche nach dem Lebensglück.

Was heißen soll, es ist immer auf der Suche nach sich selbst.

Ist das nicht wiederum paradox?

Es hat Erwartungen an sich und an andere.

Es wird enttäuscht werden und verletzt.

Es wird seinen Seelenschmerz mit Vergnügungen, Konsum und „Spaß" betäuben. Es wird sich im Außen auf die Suche machen, um glücklich zu werden.

Es wird sich „verlieben", um glücklich zu werden, und es wird erkennen, dass es auch mit einem Partner an der Seite oft unglücklich bleibt.

Genauso wie tausende von Generationen vor ihm wird es unbewusst und verwirrt sein Leben meistern.

Es wird meistens unzufrieden mit sich selbst und dem eigenen Leben sein.

Es spürt, dass die Maske, das Ego, nicht sein wahres Selbst ist, doch es ist ihm nicht bewusst.

Das Kind wurde „gut erzogen" und kann nun ins Leben entlassen werden.

Es wurde genug an ihm herumgezogen. Es ist unsicher und fühlt sich oft minderwertig, weil es sich als „nicht richtig" einstuft. Es wird kontinuierlich auf Leistung getrimmt. Denn schließlich hat es sich tief in ihm eingeprägt, dass es immer dann „geliebt" wurde, wenn es viel und gute Leistung gebracht hatte. Es wird seinen eigenen, individuellen Leidensweg gehen. Es wird daran reifen – oder nicht.

Es wird erwachen – oder nicht.

Aber zuerst wird es einmal leiden ...

Wie bereits erwähnt ist unser Ego ein künstliches Gebilde, das mit uns selbst nichts zu tun hat.

Wir wissen es nicht. Wir sehen die Dinge anders.

Jugendliche sträuben sich intuitiv gegen dieses fremde Ego. Sie fühlen, dass ihnen etwas sehr Wertvolles genommen wurde.

Ich liebe es, mich mit Kindern und Jugendlichen zu unterhalten.

Ich schätze „schwererziehbare" Jugendliche, die sensibelsten und echtesten unter unseren Kindern. Sie verteidigen ihr wahres ICH bis aufs Blut und kämpfen um sich selbst. Doch unsere Gesellschaft hat Möglichkeiten, auch diese starken Menschen in die passende Schablone zu pressen.

Alle Kinder und alle Jugendlichen spüren ganz tief in sich, dass hier etwas extrem in die falsche Richtung läuft.

Ohne Worte „verstehen" wir uns, wenn wir uns gegenübersitzen und in die Augen schauen.

Kinder sind universal. Sie sind traurig, weil sie nicht dafür geliebt werden, dass sie einfach hier sind. Sie passen sich an und verzweifeln oft daran.

Ess-Störungen, Ritzen, Saufen, Gewalt, Drogen, Happy Slapping, Mobben, Vergnügungssucht sind Hilfeschreie, die wir ignorieren oder sogar bestrafen.

Amokläufer wollen Zeichen setzen. Doch wir begreifen sie nicht.

Eltern sollten ihren Kindern viel mehr zuhören. In Kindern steckt so viel Wahrheit, Echtheit und Reife. Kinder sind klug und am Anfang immer ehrlich.

Kinder sind niemals dumm. Kinder wollen gerne leisten, Kinder wollen lernen. Kinder sind neugierig und für alles offen.

Durch unsere Erziehung zerstören wir die seelische Gesundheit unserer Kinder.

Leider ist die Zeit noch nicht reif dafür, dass Politiker, Eltern und Lehrer das verstehen.

Kein Mensch möchte Kindern vorsätzlich Leid zufügen und doch tun wir es jeden Tag!

Was macht das Ego mit uns?

Ein über die Jahre der Kindheit voll ausgebildetes Ego übernimmt nun die Kontrolle über den Menschen.

Das heißt, der Verstand wird alles dominieren. Die Gefühle werden ignoriert und nicht gehört. Den Blick nach innen gibt es so gut wie nicht mehr.

Die Ego-Maske macht uns zu Schauspielern.

Wir haben den Kontakt zu unserem Inneren fast vollständig abgeschnitten.

Das Ego ist der unechte, anerzogene, abgespaltene Teil in uns, der uns zu immer mehr Leistung antreibt, um endlich irgendwann gut genug zu sein.

Das Ego ist lieblos und kalt, es ist unser duales Kopfdenken. Es teilt ein in richtig und falsch, es urteilt in gut und böse.

Das Ego verdrängt unsere liebevolle, innere Stimme und ist nicht daran interessiert, was sie uns mitteilen möchte. Das führt dazu, dass die meisten Menschen ihre innere Stimme, wenn überhaupt, nur noch vage wahrnehmen. Sie scheinen jedoch nicht mehr dazu in der Lage zu sein, auf ihre innere Stimme zu hören, weil das Ego zu laut und zu mächtig dazwischenspricht.

Das Ego braucht immer neue Nahrung. Würden wir überwiegend nach innen schauen, gegenwärtig sein, dann bekäme es keine Nahrung mehr und würde sterben.

Das Ego ist der Anpeitscher in uns. Es zwingt uns zu immer mehr Leistung und treibt uns immer weiter an.

Für das Ego ist materieller Erfolg die Essenz des Lebens.

Das Ego verhindert echte, liebevolle menschliche Beziehungen, die nichts fordern und keine Bedingungen stellen. Menschliche Beziehungen, die den anderen so annehmen, wie er ist.

Das Ego sorgt dafür, dass wir uns immer als getrennt von den anderen wahrnehmen.

Das Ego sieht sich als ein Individuum. Es unterscheidet zwischen ICH und DU. Es differenziert zwischen WIR und DIE ANDEREN.

Dies führt dazu, dass wir oftmals den Nutzen einer Beziehung abwägen. Wir fragen uns:

Was bringt mir der andere? Was kann er für mich tun? Habe ich Vorteile, wenn ich mich auf den anderen einlasse?

Dies sind Ego-Beziehungen, die vom Kopf aus geführt werden. Berechnend und voller Kalkül.

Eben lieblos, auch wenn sie manchmal „liebevoll" verpackt und getarnt sind.

Das Ego sorgt immer dafür, dass der Abstand zu unseren Gefühlen groß genug bleibt. Es verhindert Toleranz genauso wie Verständnis, Geduld, Güte, Großmut, Einfühlungsvermögen und Gelassenheit.

Das ICH steht immer an erster Stelle. Die anderen sind unwichtig. Hauptsache, die eigenen Interessen werden umgesetzt. Egozentriker sind einsam. Denn sie können sich nicht wirklich auf einen anderen Menschen einlassen.

Arroganz, Angeberei, Überheblichkeit, Ignoranz, Respektlosigkeit, Sucht nach Macht, Vergnügungen, Anerkennung, Geld und Status sind Egomerkmale. Egoisten zerstören Lebensgemeinschaften. Egoistische Beziehungen werden immer oberflächlich bleiben. Wenn der andere nicht so funktioniert, wie man es haben möchte, wird er ausgetauscht und entsorgt.

Das Ego möchte keine echten tiefen Begegnungen mit anderen Menschen. Es ist abgetrennt. Es ist einsam und immer auf der Suche.

Und doch ist das Ego, das falsche Selbst, so stark, dass es jeden Tag seine Macht über uns demonstriert.

Wir können also gar nicht glücklich sein. Denn unser Ego wird alles dafür tun, um dies zu verhindern.

Das Ego macht uns krank und sorgt dafür, dass wir unglücklich und unzufrieden bleiben.

Unser Ego wird immer eine diffuse Unruhe in uns am Leben erhalten. Wir fühlen uns immer auf der Suche und wissen doch nicht, was wir genau suchen. Wir fühlen uns unvollkommen.

Daher suchen wir in der „Liebe" die Erlösung oder in der Arbeit, je nachdem. Wir sind davon überzeugt, dass es uns besser gehen würde, wenn wir uns verlieben und einen Partner in unserer Nähe haben.

Denn solange wir verliebt sind, ist unser Schmerz betäubt und wir haben eine gewisse Zeit der Ruhe. Doch schon bald kommt die alte, gefürchtete Unruhe wieder in uns hoch. Wir fühlen uns wie in alten Zeiten unvollkommen und leer. Wir sind tief enttäuscht und geben unserem Partner die Schuld an der Misere. Wir projizieren unseren Schmerz auf den Partner, denn wir sind davon überzeugt, dass er uns mit seinem unmöglichen Benehmen und mit seiner Unachtsamkeit dieses neue Leid zugefügt hat.

Aus unserer Verzweiflung heraus machen wir unserem Partner schwere Vorwürfe, fangen Streit an, sind schlecht gelaunt und beginnen, ihn immer mehr für sein Verhalten zu kritisieren.

Kleinigkeiten und Eigenschaften, die wir am Anfang einer Beziehung noch „toll" und „sympathisch" am anderen fanden, empfinden wir inzwischen als maßlose Provokation.

Wir regen uns über Lapalien auf, wollen, dass der andere sich für uns verändert.

Schließlich liebt er uns und so kann er seine Liebe beweisen.

Durch unsere Unbewusstheit ist es uns unmöglich zu erkennen, dass wir wie ein Drogenabhängiger während unseres Verliebtseins berauscht waren. Und dass wir umso tiefer abstürzen, wenn der Rausch nachlässt.

Der Partner ist der Sündenbock. Wir begreifen ihn meistens nicht als Chance, um uns selbst anzuschauen und zu hinterfragen. Und so bleiben wir im Leid gefangen. Wir wechseln den Partner, weil wir ihn für unfähig halten, uns glücklich zu machen. Doch schon bald beginnt mit dem neuen Partner dasselbe Spiel.

Unsere Bedürftigkeit bleibt immer in uns vorhanden. Wir wollen immer anders sein, als wir sind, was ja auch nachvollziehbar ist, denn wir haben uns selbst verloren.

Das Ego schreit nach Befriedigung. Es braucht ständig neue Nahrung. Durch Arbeit, Erfolg, Geld, Besitz und Macht sucht das Ego nach Anerkennung. Doch das Fass hat keinen Boden. Auch wenn wir noch so viel schuften und Besitz anhäufen, wir werden nicht glücklich.

Die Leere, Unzufriedenheit und Unruhe in uns bleibt bestehen, egal, was wir tun.

Das Ego lässt uns nicht zur Ruhe kommen.

Als falsches, anerzogenes Selbst herrscht es über uns und lässt und leiden.

Wir verharren in unserem unbewussten Zustand. Wir werden weiter über unseren Verstand gesteuert und manipuliert. Unser wahres, echtes ICH, das noch ganz tief in uns existiert, nehmen wir nicht wahr. Unser Verstand, unser Ego werden alles dafür tun, dass wir uns nicht nach innen wenden, denn dann würden wir mit unserem wahren Selbst in Kontakt kommen.

Das Ego erschafft ständig neue Probleme und Konflikte. Angst und Unsicherheit zeichnen das Ego aus. So ist es auch nachvollziehbar, dass die meisten Menschen immer Probleme brauchen, um zu überleben. Das Ego braucht den Schmerz, um Nahrung zu bekommen.

Also wird es alles dafür tun, um neue Probleme zu erschaffen. Das Ego liebt es, wenn wir mit anderen Menschen in Konflikte verwickelt sind.

Das Ego möchte so viel wie möglich in der Vergangenheit leben. Alter Schmerz und unverdaute Verletzungen werden immer wieder hervorgeholt. Dabei fürchtet es sich vor der Zukunft, die es als bedrohlich und Angst einflößend vor sich sieht.

Zusammenfassend können wir über das Ego sagen, dass es der größte Verursacher von Schmerz und Leid auf der Welt ist.

Unser Verstand beherrscht uns und schneidet uns von unserem Inneren, unserem wahren ICH ab. Unser Verstand, unsere Gedanken sorgen dafür, dass wir ständig denken. So sind wir nicht in der Lage, uns zu spüren. Das ist dem Ego recht, denn solange wir uns nicht spüren können, so lange kann das Ego in uns überleben.
Und so lange werden wir unzufrieden und unglücklich sein.
Und so lange werden wir im Außen nach unserem Lebensglück suchen. Wir werden es jedoch niemals finden.
Wir sind Leistungssklaven geworden, die sich für vollkommen „normal" halten.

Wie erkennen wir EGO-geführte Unternehmen?

Firmen, in denen das Ego-Denken vorherrscht, was für die meisten Unternehmen gilt, sind auf lange Sicht gesehen nicht überlebensfähig.
Unsere derzeitige Krise gibt uns schon mal einen kleinen Vorgeschmack.
Ego-geführte Unternehmen, die fast zu 100 % Leistungssklaven beschäftigen, haben eine höhere Krankheitsrate und Fluktuation.
Mitarbeiter dieser Unternehmen sind nicht konfliktfähig – weder die Führungskräfte noch die Angestellten in diesem Unternehmen.
Diese Mitarbeiter können nur oberflächliche Teams bilden, die langfristig nicht viel bewirken.

Denn jedes Ego möchte für sich selbst sorgen. Dadurch, dass es von anderen abgeschnitten ist, fühlt es sich nur in der Trennung wohl.

Also wird es durch Neid, Mobbing, Kontrolle, Misstrauen und Angst immer neue Konflikte schüren.

Ego-Unternehmen werden meistens autoritär geführt, von einem oder mehreren Chefs oder Managern, die sich gerne mit Statussymbolen schmücken und dadurch anderen gegenüber ihren höheren „Wert" ausdrücken. (Ego-Nahrung!)

Ego-Unternehmen suchen immer „die besten" Mitarbeiter. Anstatt der richtigen stellen sie die am höchsten qualifizierten Menschen ein, die meistens große menschliche Defizite aufweisen, weil sie extrem von ihrem wahren Ich abgespalten leben.

Branchenkenntnisse, Fachwissen in ihrem jeweiligen Berufsfeld und methodische Kompetenz werden dermaßen hoch bewertet, dass eine soziale und persönliche Inkompetenz schweigend akzeptiert und hingenommen wird. Selten wird in Ego-geführten Unternehmen viel Zeit damit verschwendet, um diese Fähigkeiten von potentiellen Bewerbern ausführlich zu hinterfragen.

Dies führt immer wieder zu Fehlentscheidungen und Fehlbesetzungen.

Menschen, die eine Führungskarriere anstreben oder bereits Personalverantwortung haben, werden oftmals nur mangelhaft auf das erfolgreiche Führen von Menschen vorbereitet.

Fehlbesetzungen, frühzeitige Trennungen im „gegenseitigen Einvernehmen" und die Suche nach neuen Mitarbeitern und Führungskräften kosten die Unternehmen viel Zeit, Energie und Geld.

Zudem führt die mangelnde Managementkompetenz von Führungskräften, die Unfähigkeit, Konflikte konstruktiv und fair auszutragen, das Unvermögen, dialogbereit und entscheidungsfreudig zu reagieren, bei unzähligen Mitarbeitern zu Frustration und Unzufriedenheit.

Viele Menschen kennen ihre eigenen Blockaden und Prägungen nicht.

Sie tragen somit ihre soziale Inkompetenz in die Unternehmen hinein.

Verdrängte und unverarbeitete Widerstände wirken sich kontraproduktiv und destruktiv auf den Erfolg eines Unternehmens aus.

So kommt es, dass Millionen von Euro in den Sand gesetzt werden, weil inkompetente Führungskräfte damit überfordert sind, Menschen zu begeistern und zu führen.

Genauso richten teamunfähige und unzufriedene Mitarbeiter großen Schaden in Unternehmen an, wenn sie sich Veränderungen widersetzen und „gegen alles" sind.

Millionen Menschen vergiften mit ihren eigenen Blockaden das Klima in den Unternehmen. Sie sind die größten Erfolgskiller, die sich kein Unternehmen leisten sollte. Doch darüber wird nicht gesprochen.

Kundenorientierung und die Freude am Dienen, dem Dienstleisten, ist auch heute noch für viele ein Anspruch, an dem sie jämmerlich scheitern.

Der aktive, loyale Stammkunde schätzt nichts so sehr wie Freundlichkeit, Respekt und Wertschätzung.

Kundenbindung muss jeden Tag auf's Neue gelebt werden.

Um dauerhaft erfolgreich auf den internationalen und nationalen Märkten bestehen zu können, müssen Unternehmen ein innovatives Management auf allen Hierarchie-Ebenen ausbilden. Fachkompetenz allein reicht hierzu schon lange nicht mehr aus. Die Menschen sind insgesamt komplexer und anspruchsvoller geworden.

Die Autorität und Dominanz früherer Vorgesetzter wird heute belächelt und kritisiert.

Sie erzeugen höchstens Gegendruck und Widerstand. Ganz sicher keinen Erfolg.

Kontrolle und Manipulation waren lange die beliebten Ego-Werkzeuge alter Patriarchen, Unternehmer und Chefs.

Heute brauchen wir ein motiviertes, leistungsfähiges Team, das geschlossen am Unternehmen arbeitet und es nicht heimlich sabotiert.
Geschriebene Unternehmensleitlinien sind recht und gut. Eine gelebte Wertekultur ist tausendmal effektiver und besser.
Die Ethik eines Unternehmens wird immer von den darin wirkenden Menschen bestimmt. Das scheinen heute viele zu vergessen.

Ego-Unternehmen wollen immer „die Besten" sein.
Sie fusionieren und übernehmen, sie wollen über die Maßen wachsen und sich über andere stellen. Profitgier und Maßlosigkeit kennzeichnen diese Ego-Unternehmen, die weder auf unseren Planeten, als unser aller Lebensraum, noch auf die Bedürfnisse einzelner Menschen Rücksicht nehmen. Diese Unternehmen leben Egozentrik in Reinkultur.
Das wird irgendwann unweigerlich zum Zusammenbruch führen.

Wie erkennen wir Ego-geführte Familien?

Ego-geführte Familien haben mehr kranke, unglückliche Kinder (Ess-Störungen, ADHS, Kopf- und Magenschmerzen, Unruhe, Konzentrations- und Schlafstörungen, höhere Aggression, Depressionen, Mobbing-Opfer und -Täter).

Ego-Familien führen egoistische, oberflächliche Beziehungen. Geld steht immer im Mittelpunkt. Jeder ist überwiegend mit sich selbst beschäftigt. Angst vor Verlust von Wohlstand steht im Vordergrund. Geld, materieller Besitz und Erfolge im Beruf sind die maßgeblichen Lebensinhalte. Ego-Familien sind oft beziehungsunfähig, leben überwiegend in verdrängter Angst und Unruhe.

Die Familienmitglieder müssen ständig etwas tun. Der Blick nach innen wird vermieden, Konflikte werden unter den Teppich gekehrt und verschwiegen.

Alle Ego-Eltern sind Leistungssklaven.
Ego-Eltern „lieben" leistungsbezogen. Sie bewerten Geld und Konsum höher als Glück und Zufriedenheit.

Ego-Eltern wollen erfolgreiche und kluge Kinder, die sie stolz vorzeigen können. Sie erfahren ihre Leistungskinder als eigene Aufwertung.
Kinder sollen funktionieren.

Kinder aus Ego-Familien sind suchtgefährdet.
Sie sind von ihrem wahren Ich abgespalten und befinden sich daher auf der Suche nach einer besseren, wärmeren, liebevolleren Welt, in der sie so angenommen werden und in der man sie so sein lässt, wie sie sind.
Wo sie ihr „Thema" und ihre Stärken entwickeln dürfen und gerne aus Freude etwas leisten.

Ego-Familien sind immer auf der Suche nach dem Glück, denn sie möchten krampfhaft eine „glückliche" Familie sein.

Wie Sie, liebe Leserin und Leser, erkennen können, leben wir ein ziemlich verwirrtes und verrücktes Leben.

Dadurch, dass wir von unserem wahren, echten ICH abgespalten wurden, befinden wir uns alle kollektiv auf der Suche.
Ist das nicht beeindruckend und beklemmend zugleich?
Das Ego verursacht jeden Tag neuen Schmerz und neues Leid. Wir sehen jedoch keinen Zusammenhang zwischen Leid und Ego, denn wir sind unbewusst.
Wir wissen nicht, dass die Vernetzungen in unserer Seele dermaßen komplex und sensibel sind.

Erst wenn wir es wagen, uns dem Schmerz zu stellen, wenn wir unseren

Schmerz annehmen, ohne ihn zu verurteilen oder zu bekämpfen, können wir die alten Verletzungen auflösen und heilen.

Dieser Weg wird sehr oft belächelt und abgelehnt. Die meisten Menschen sehen keinerlei Veranlassung, sich auf so eine Reise einzulassen.

Kein Wunder, denn es erfordert eine Menge Kraft und Mut, sich auf sich selbst einzulassen.

Wegrennen, darüber lachen und verdrängen ist viel einfacher.

Jeder, der jedoch anfängt, sich mit sich selbst zu beschäftigen, wird wachsen und reifen.

Ich bin guter Dinge, dass die Zahl der Menschen, die dies erkennen, in den nächsten Jahren stark zunehmen wird.

Immer mehr Menschen sehnen sich nach ihrem persönlichen Jakobsweg. Viele Manager, die auf der Sinnsuche sind, verbringen einige Wochen in einem Kloster und geben sogar freiwillig ihr BlackBerry am Klostereingang ab, was einem Wunder gleicht.

Immer mehr Menschen haben die Sehnsucht, aufzuwachen.

Immer mehr Menschen lehnen es ab, zu leiden.

Wir werden sehen, ich bin auf die weitere Entwicklung gespannt!

Kapitel 5:
Wie definieren wir
einen erfolgreichen Mann?

Aus kleinen, fröhlichen, selbstbewussten Jungs werden von sich selbst abgespaltene Männer, die keinen oder nur noch einen geringen Zugang zu ihren Gefühlen haben, hörten wir gerade.

Wir bringen kleinen Jungs bei, was sie sollen und nicht sollen.

Jungs haben fast alle in ihrer Kindheit eine weibliche Übermacht und Dominanz kennengelernt, was ihr Leben nicht einfacher macht.

Mütter, Omas, Kinderfrauen, Kindergärtnerinnen und Lehrerinnen begleiten ihr Leben vom ersten Tag an.

Väter waren mehr oder weniger vorhanden. Und wenn sie tatsächlich regelmäßig anwesend waren, dann haben sie meistens den kleinen Jungen zu noch mehr Leistung motiviert und angetrieben. Schulnoten wurden regelmäßig abgefragt und Leistungen wurden kontrolliert.

Schließlich wollen Väter erfolgreiche, kluge Söhne, die einem Ehre machen und für die „mann" sich nicht blamieren muss.

Väter und Mütter erzählen ihren Söhnen viel über das harte Leben „da draußen" und dass man es nur dann schaffen kann, wenn man bereit ist, viel zu leisten.

Das hieß dann zu lernen und wenn möglich ein Abitur zu machen.

Realschulabschlüsse werden zähneknirschend noch hingenommen. Hauptschulabschlüsse gehen gar nicht.

Je nach Herkunft des Jungen und der gesellschaftlichen Schicht seiner Eltern wird entsprechend nachgeholfen, dass aus dem Jungen etwas Richtiges wird. Was immer das auch sein mag!

Alle Eltern wünschen sich Söhne, die gut und reibungslos funktionieren. Das heißt, Söhne, die während ihrer Kindheit und Jugend kapieren, dass Geld die Maßeinheit ist, mit der im Leben gerechnet wird. Söhne sollen gute, das heißt gut bezahlte Berufe erlernen. Schon in der Grundschule bekommt der kleine Junge zu hören, dass er Gas geben muss.

Wenn erforderlich und finanziell machbar, werden mangelhafte Leistungen auch sofort mit der entsprechenden „Nachhilfe" nachgebessert.

Am Anfang gibt es unter den Jungs starke Charaktere, die sich gegen eine solche Leistungsversklavung auflehnen. Einige brechen aus unserem Leistungssystem aus, verkrachen sich mit ihren leistungsorientierten, geldverliebten Eltern und brechen alle Kontakte hinter sich ab.

Die Mehrheit der männlichen Kinder fügt sich jedoch der elterlichen Übermacht.

Sie lassen sich versklaven und spätestens mit Ende der Schulzeit bzw. des Studiums steigen sie in ihr Hamsterrad und laufen mit der Masse mit – auf der Suche nach Glück und Erfolg.

Söhne und Jungs befinden sich von klein auf ständig im Wettkampf. Sie messen ihre Leistungen untereinander schon im Kindergarten. Und stolze Mamis und Papis nehmen bereits gerne gewonnene Pokale in Empfang, die der Sohn in der Bambini-Fußball-Mannschaft im zarten Alter von fünf Jahren gewonnen hat.

Somit haben die meisten Jungs gelernt und verinnerlicht, dass überwiegend Leistung zählt.

Leistung bringt Anerkennung und Anerkennung lässt den Selbstwert wachsen.

Gefühle sind oftmals lästig und lassen den Jungen jämmerlich erscheinen.

Also lernt der Junge schnell, dass in seinem Leben Leistung zählt und Gefühle am besten verdrängt werden.

Das Ego ist damit zufrieden und der Junge macht sich auf seinen Weg.

Die meisten Frauen wünschen sich einen erfolgreichen Mann als Partner an ihrer Seite.

Er soll gutes Geld nach Hause bringen, Sicherheit ausstrahlen und schließlich eine Familie finanzieren können.

Hobbys, teure Freizeitaktivitäten und Statussymbole wollen bezahlt sein.

Zwar bleiben die meisten Frauen heute berufstätig, auch wenn sie einen Partner an ihrer Seite haben oder ein Kind da ist, doch während der Schwangerschaft und in der ersten Zeit mit einem Säugling fühlen sich Frauen abgesicherter, wenn der Mann gut verdient und keine finanziellen Einschränkungen befürchtet werden müssen.

Es gibt einige Punkte, nach denen wir einen erfolgreichen Mann definieren.

Kriterien, die wir nicht diskutieren müssen.

Männer werden in unserer Gesellschaft als erfolgreich anerkannt, wenn sie gewisse Dinge erfüllen.

Und diese Männer sind dann die begehrtesten.

Frauen haben klare Vorstellungen davon, wie sie einen erfolgreichen Mann definieren.

Und Männer sehen sich selbst genauso.

Ist ja klar, denn schließlich sind wir alle davon überzeugt, dass Konsum und Geld uns am schnellsten und intensivsten zum Glück verhelfen.

Wenn wir uns nun die „großen Jungs", also die Männer in unserer Gesellschaft, anschauen, so dürfte es nicht verwundern, wenn wir den erfolgreichen Mann folgendermaßen definieren:

- Er ist leistungsstark und durchsetzungsfähig.
- Er ist gesund, kreativ, materiell erfolgsorientiert.
- Er setzt sich hohe Ziele.
- Er hat ein überdurchschnittlich ausgeprägtes Ego – seine Welt kreist hauptsächlich um ihn – er ist das Zentrum seines Wirkens.
- Er wirkt dynamisch und selbstsicher, er hat Charisma und Ausstrahlung.

- Er ist pragmatisch (lösungsorientiert).
- Er hat einen scharfen, brillanten Verstand.
- Er ist ständig im Wettkampf mit anderen.
- Er ist wachsam und misstrauisch, er behält die Konkurrenz im Blick.
- Er bezieht seine Identität aus seinem Beruf,
  daher hat der Beruf oberste Priorität.
- Er setzt sein Privatleben hintenan, er vernachlässigt Beziehungen und Partnerschaften.
- Er verdrängt Müdigkeits-, Erschöpfungs- und Krankheitssymptome seines Körpers.
- Er kann mit seinen Gefühlen nicht allzu viel anfangen.
- Er setzt sich jeden Tag selbst immer wieder unter Druck,
  er sagt, er „braucht das".

Männer, die sich selbst nicht so definieren, sind selten Alpha-Männer.

Die von ihren Gefühlen distanzierten, die zur Perfektion neigenden, kontrollierten und nach „oben" strebenden Männer lassen sich so definieren.

Die gefühlsbetonten Männer, die sich für einen Beruf nicht kaputt machen, spielen in unserer Gesellschaft in einer anderen Liga.

Natürlich gibt es viele Männer, die sich in geregelte 8-Stunden-Jobs einfügen, ein gewisses Gehalt nach Hause bringen, wenig karriereorientiert sind und sich von einem Chef bevormunden lassen.

Oft werden sie als Softies und Weichkekse belächelt. Diese Männer sind oftmals familientauglicher, weil sie sich auf ihre Kinder und ihre Frau eher einlassen können.

Sie sind in der Lage, sich zeitlich mehr einzubringen, denn meistens sind sie nachmittags ab 17 Uhr zu Hause und können dann für die Familie und ihre Hobbys zur Verfügung stehen.

Doch auch diese Männer sind leicht kränkbar und sensibel.

Häufig fühlen sie sich in ihrer untergeordneten Männerrolle nicht wohl. Auch sie streben nach Höherem.

Gefühlvolle Männer sind selten die Macher und die Leader.

Dennoch fühlen sich diese Männer sehr oft von Chefs und Vorgesetzten ungerecht behandelt, jammern allen die Ohren voll, kommen jedoch selten in die Gänge, um etwas an ihrer Lebenssituation zu verändern.

Die Nicht-alpha-Männer kleben in untergeordneten Jobs fest, sind im Wirrwarr ihrer diffusen Emotionen gefangen und machen sich und anderen das Leben oft sehr schwer.

Ganz vorne in der gesellschaftlichen Hamsterrad-Leistungs-Hierarchie stehen daher meistens die gefühlsmäßig distanzierten Männer, denen man ihre Emotionen nicht anmerkt oder zumindest äußerlich nicht ansieht.

Ihre Stimmung ist mehr oder weniger immer gleich – auf dem Parkett der Macht sind Gefühle nicht sonderlich gefragt.

Also richten sich beruflich überdurchschnittlich erfolgreiche Männer danach.

Ich würde ihren Berufsalltag wie folgt beschreiben:

- Erfolgsmänner funktionieren mechanisch, wie ferngesteuerte Roboter – fremdbestimmt.
- Sie haben kurze Nächte und bekommen wenig Schlaf und Ruhe.
- Der Alltag wird von Meetings, Konferenzen, Geschäftsessen, Reisen, Hetze, Stress, Umsatzsteigerungen und Wachstum, Termin- und Erfolgsdruck dominiert.
- Die Uhr und der Terminkalender diktieren den Tag.
- Sie haben keine Zeit, sich zu besinnen und in sich zu schauen.
- Der Verstand schaltet auch nachts nicht ab.
- Sie werden von anpeitschende Gedanken immer weitergetrieben.
- Es besteht mangelnde Selbstdistanz und Selbstreflexion.
- Sie sind gefangen in Pflichten und Erwartungen (beruflich und privat).
- Sie haben so gut wie keine Zeit für sich selbst.
- Sie sind immer vor sich selbst auf der Flucht.
- Sie setzen sich selbst in der Freizeit noch viele Termine.

- Sie müssen immer etwas tun.

Die Ziele eines erfolgreichen Mannes würde ich wie folgt beschreiben:

- Ganz oben stehen beruflicher Erfolg und Karriere, damit verbunden sind Geld, Macht und Status.
- Hoher materieller Ertrag aus Bonussystemen und ähnlichen erfolgsabhängigen Belohnungssystemen
- Langfristig gesicherter materieller Reichtum und Wohlstand für sich selbst und die eigene Familie (falls vorhanden ...)
- „Besser" und „erfolgreicher" sein als andere Männer
- Anerkennung, Akzeptanz und Bewunderung durch überdurchschnittliche Leistung von anderen zu bekommen – Erfolg macht sexy!
- Ein priviligiertes Leben führen zu können (mein Haus, mein Auto ..., Sie wissen schon)
- Im Alter abgesichert in Wohlstand leben zu können

Um die oben genannten Ziele zu erreichen, ist der Mann gezwungen, alles andere unterzuordnen.

Wenn er sich „verliebt", dann muss die Frau in dieses Schema passen.
Liebe heißt für den erfolgreichen Mann, dass die Frau sich niemals querstellen und seiner Karriere hinderlich sein darf.
Dann ist der erfolgreiche Mann nämlich ganz schnell wieder entliebt und verschwunden.

Wie Sie in Kapitel 3 erfahren haben, werden erfolgreiche Männer extrem von Versagens- und Verlustängsten geplagt.
Frauen sollten daher niemals den Fehler begehen und einem erfolgreichen Mann Vorschriften machen. Oder gekränkt reagieren, wenn der Mann die Wünsche und Bedürfnisse der Frau relativ unemotional übersieht.

Da diese Männer auch ihre eigenen Gefühle nur in sehr eingeschränktem Maße wahrnehmen können, sind sie vollkommen überfordert, wenn die Partnerin jammert und eine gefühlvollere Behandlung einfordert.

Dies betrachtet der erfolgreiche Mann als eine geballte Ladung von Vorwürfen gegen ihn.

Er wird daher, konfliktscheu und ängstlich, wie er ist, den sofortigen Rückzug in seine Höhle antreten.

Das bedeutet dann für die Frau: totaler Kommunikationsabbruch, toter Mann und viel Schmerz.

Erfolgreiche Männer können nur sehr eingeschränkt „lieben". Daher sind sie für die meisten emotional überfluteten Frauen auch so interessant. Die Hoffnung, dem Gefühlskrüppel an ihrer Seite die Welt der Emotionen nahebringen zu können, lässt die Frauen monate-, oft sogar jahrelang leiden.

Viele Frauen verbeißen sich jedoch regelrecht in dieser Passion, drehen fast durch und leben häufig jahrelang am eigenen Limit, um dann irgendwann von dem „geliebten" Mann den Satz zu hören: „Deine Überempfindlichkeit und dein hysterisches Benehmen machen mich krank."

Ich kann nur jeder Frau, die sich an einem Emotionskrüppel verbissen hat und dies blöderweise auch noch für Liebe hält, raten, äußert wachsam mit sich selbst umzugehen, um dann wirklich den finalen Absprung zu schaffen, wenn es auch das Herz fast zerreißt.

Diese Männer werden mit ihrer eigenen Ignoranz und selbstherrlichen Verblendung niemals liebevolle, verständnisvolle Partner sein können.

Wenn erfolgreiche Männer „lieben", dann fordern sie erst mal Verständnis für sich selbst ein. Frauen müssen sich mit Randzeiten begnügen, das heißt mit der Abfallzeit, in der auch wirklich kein Geschäftstermin mehr ansteht.

Dann sitzt ihnen ein ausgelaugter, erschöpfter, leerer Mann gegenüber, der am liebsten seine Ruhe haben und möglichst wenig reden möchte.

Von Alltagsproblemen, die er als lapidar und unwichtig ansieht, möchte er selbstverständlich verschont bleiben.

Das ist ein mageres Budget.

Frauen mit erfolgreichen Männern sind daher viel allein und auf sich gestellt.

Das nennt „mann" dann „den Rücken frei halten".

Sie haben diesen Satz in verschiedenen Reden und Ansprachen bestimmt schon oft gehört, wenn erfolgreiche Herren vom Rednerpult aus der Gattin einen Blick zuwerfen und ihr vor öffentlichem Publikum huldigen, als Dank, dass sie ihm so duldsam und selbstlos „den Rücken frei hält".

Ich liebe diesen Satz. Sagt er doch alles über diese Rollenverteilung aus.

Der erfolgreiche Mann hat nur ein Ziel: Noch erfolgreicher zu werden, das heißt: noch mehr Geld zu verdienen und noch bessere, machtvollere Positionen zu erreichen.

Dann steigt sein Wert und dann meint er, ist er endlich glücklich.

Dass dabei seine Partnerschaft auf der Strecke bleibt und dass er dabei sich selbst, seine Kinder und Freunde verliert, ist ihm nicht bewusst.

Frauen, die an der Seite eines überdurchschnittlich erfolgreichen Mannes leben, sollten begreifen, dass sie bereit sein sollten, einen hohen Preis dafür zu bezahlen.

Erfolgreiche Männer können emotionalen Schmerz extrem gut mit noch mehr Arbeit kompensieren und verdrängen.

In meinen Coachings bin ich jedes Mal sprachlos, wenn ich sehe, wie diese Männer einfach einen Schalter umlegen können, das Privatleben, also die undankbare Frau, einfach ausblenden und hochkonzentriert an ihrem Arbeitsplatz erscheinen und vollkommen schmerzfrei zu großen Leistungen fähig sind.

Männer können in schlimme Trennungen verwickelt sein und leiden wie ein Schwein, an ihrem Arbeitsplatz jedoch werden Sie ihm nichts anmerken.

Seine tägliche Dosis Aspirin wird vielleicht erhöht, doch er wird niemals darüber reden.

Wahnsinn!

Der erfolgreiche Mann ist in der Lage, seine Emotionen einfach wegzumachen.

Die Gefühle sind zwar immer noch vorhanden, doch er verdrängt und verleugnet sie zu 100 Prozent.

Seine Gefühle werden runtergeschluckt und irgendwo an einem sicheren Platz deponiert, wo sie zunächst keinen Ärger mehr machen.

Der gefühlskalte Mann befasst sich einfach nicht mit unerwünschten Gefühlen.

Das ist jedoch genau der Punkt, der ihm zum Verhängnis wird.

Sein Körper wird ihm Krankheitssymptome machen und Aufmerksamkeit einfordern. Sein Körper wird ihn zwingen, hinzuschauen.

Natürlich wird der erfolgreiche Mann diese Symptome, genau wie seine Gefühle, ignorieren, so lange es geht. Doch irgendwann wird auch bei ihm der Leidensdruck zu groß werden.

Krankheiten oder Schicksalsschläge, Unfälle und schmerzhafte Trennungen werden ihn auf sich selbst zurückwerfen.

Dann findet er sich an einer Lebenskreuzung wieder: Für welchen Weg wird er sich entscheiden?

Wird er ein Feigling sein, Leistungssklave und emotionaler Analphabet bleiben?

Oder wird er den Blick nach innen wagen, sich selbst kritisch hinterfragen und vielleicht sogar den Weg hin zum Lebenskünstler einschlagen?

Auch erfolgreiche Männer wollen in erster Linie glücklich sein.

Ihre schmerzhafte Abspaltung von sich selbst wird Glück, tiefe, echte Beziehungen und Zufriedenheit immer verhindern.

Erfolgreiche Männer werden erst dann wirklich erfolgreich sein, wenn sie beginnen, ihr eigenes Leben für sich selbst zu managen.

Wenn sie spüren, welch ein Reichtum in ihrem Inneren verborgen liegt und darauf wartet, entdeckt zu werden.

Für erfolgreiche Männer ist es eine der größten Herausforderungen in ihrem Leben, das Hamsterrad herunterzudrehen. Zu groß ist die Angst, sie könnten dabei etwas von ihrem Geld oder Status verlieren.

Sie befürchten, ein Versager oder Schwächling zu sein und von anderen überholt zu werden.

Die eigene Welt der Gefühle ist ihnen fremd.

Diese Männer waren oft auf allen Kontinenten dieser Erde, sie sind weit gereist und mit den meisten Kulturen vertraut.

Doch die Reise ins eigene ICH ist ihnen unheimlich.

Sie zögern diese Reise hinaus, so lange es geht, sie wissen nicht, dass sie dabei nur gewinnen können.

Ich wünsche allen Männern den Mut, sich auf diese spannende Reise einzulassen!

Kapitel 6:
Wie definieren wir
eine erfolgreiche Frau?

Kleine Mädchen erobern die Welt. Je nach Gesellschaft und Kultur, in die sie hineingeboren werden, werden sie bald spüren, dass sich ein Mädchen seinen persönlichen Lebensweg sehr oft erkämpfen muss. Abhängig von der jeweiligen Nationalität und Gesellschaftsform werden Mädchen von Männern, Religionen und anderen Institutionen, die etwas zu sagen haben, deutliche Grenzen in ihrer geistigen und körperlichen Freiheit gesetzt.

Viele Männer meinen auch heute noch, sie müssten Frauen formen, einschränken, manipulieren, seelisch und körperlich verletzen und bevormunden.

Eindeutig können wir sagen, dass Mädchen in Industrienationen eine immer bessere Bildung genießen und somit immer besser qualifiziert sind.

Zunehmend mehr Mädchen machen Abitur und immer mehr Mädchen studieren.

Die Schulnoten von Mädchen sind sehr oft besser als die der Jungs.

Mädchen sind für Lehrer und Lehrerinnen besser und leichter zu handhaben als Jungs.

Mädchen stören weniger, sind weniger auffällig und integrieren sich besser und schneller in Gruppen und Teams.

Mädchen haben ihr Potential erkannt. Und Männer haben das inzwischen auch.

Dennoch sind Mädchen derselben Ego-Erziehung ausgesetzt wie Jungs.

Auch sie bekommen ihr speziell weibliches Rollenerziehungsprogramm ab, von unbewussten Eltern, Lehrern und anderen Bezugspersonen.

Mädchen sollen nach Möglichkeit hübsch sein und nett aussehen.

Kleine Prinzessinnen lernen schon früh, dass sie die Möglichkeit haben, durch ihr Äußeres und ihr Verhalten andere, besonders Männer, zu manipulieren und zu ihrem eigenen Vorteil zu lenken.

Darüber hinaus gibt es auch zahlreiche Leistungstöchter, die ihren Eltern zeigen sollen, was in ihnen steckt, und von ihnen für eine gute Schulleistung über die Maßen gelobt werden.

Mädchen müssen sich selbst und anderen beweisen, wie klug und fähig sie sind.

Noch immer sitzt auch in unseren Köpfen das alte Denken fest, dass Jungs vieles besser und leichter können als Mädchen.

Vollkommener Schwachsinn, wenn man bedenkt, dass Jungs oftmals schwerer lesen und schreiben lernen und dass Mädchen den Schulstoff oft schneller begreifen.

Jungs sind lediglich da besser, wo es ums Kräftemessen geht.

Auch Mädchen werden genau wie Jungs schon als kleines Kind von ihrem wahren Ich abgespalten.

Auch sie sollen ihre wahren, echten Gefühle nicht offen zeigen.

Welche Erwachsenen akzeptieren und dulden widerspruchslos ein wütendes, schreiendes Mädchen? Doch wohin soll das Mädchen mit seiner Wut, wenn es fast explodiert?

Mädchen sollen sich nicht schlagen, aggressives Verhalten ist verpönt. Mädchen sollen sich ordentlich benehmen, sich an die Umstände anpassen und verständnisvoll mit anderen umgehen.

Mädchen sollen noch mehr als Jungs so sein, wie andere, meistens die Eltern, sie haben wollen und ihre eigenen Wünsche und Bedürfnisse verleugnen.

Da Mädchen meistens sehr anpassungsfähig und harmoniebedürftig sind, verbiegen sie sich schon als Kind und tun das, was man von ihnen erwartet.

Denn sie brauchen die „Liebe" und Zuneigung ihrer Bezugspersonen, um zu überleben.

Oft, wenn Mädchen ihren eigenen lebhaften Impulsen folgen und sich selbst ausprobieren wollen, hören sie von Erwachsenen den Satz: „Hör auf damit! Ein Mädchen macht so etwas nicht!"

So wird vielen Mädchen schon als Kind die eigene Lebendigkeit genommen.

Sie beginnen zu funktionieren und nehmen ihre eigenen Gefühle immer weniger wahr.

Sie passen sich den Gegebenheiten an, versuchen gute Schulnoten nach Hause zu bringen und es allen recht zu machen.

Sie sterben innerlich ab. Das macht sie unglücklich und sie leiden enorm.

Schauen Sie sich das Ausmaß an Ess-Störungen in Leistungsgesellschaften an.

Über das Essen können Mädchen anderen und sich selbst zeigen, dass sie noch nicht alle Macht über sich verloren haben.

Sie entziehen dem Körper die wichtige Nahrung. Seelisch vollkommen verhungert zeigen sie ihrer Umwelt, dass sie die Macht haben, sich zu töten.

Ein grausames Spiel. Und die meisten Eltern sind sich der Ursachen überhaupt nicht bewusst.

Aus fleißigen, kleinen Mädchen, die gelernt haben, dass sie umso mehr „geliebt" werden, je mehr sie leisten, werden fleißige junge Frauen, die sich sehr nach Glück und Anerkennung sehnen.

Schauen wir uns einmal an, wie wir die erfolgreiche Frau in unserer Gesellschaft definieren:

• Sie verfügt über eine gute bis sehr gute Ausbildung und ist für den

Arbeitsmarkt hervorragend qualifiziert.
- Sie ist attraktiv, nicht zu sexy, gepflegt, freundlich und kompetent.
- Sie zeigt sich unabhängig, tough und stark.
- Sie bewältigt scheinbar mühelos die Doppelt- und Dreifachbelastung, sie schluckt Überforderung und Erschöpfung hinunter, weil sie nicht als schwach gelten möchte.
- Sie demonstriert, dass sie scheinbar alles mit links macht, akzeptiert Überstunden in der Firma, die Launen ihres Partners und des Chefs, den Alltagsstress und den Organisationsdruck.
- Sie fasst es als Kompliment auf, wenn Männer ihr eine hervorragende Multitasking-Fähigkeit bescheinigen.
- Sie möchte es allen recht machen.
- Sie neigt zur Perfektion.
- Sie ignoriert ihre innere Stimme und körperliche Erschöpfungssymptome.
- Sie ist besser als Männer mit ihren Gefühlen verbunden, doch sie sieht sich gezwungen, diese zu ignorieren und zu verdrängen.
- Sie möchte jeden Tag alle Erwartungen erfüllen und hat an sich selbst oft viel zu hohe Ansprüche.

Es ist wahrlich kein einfaches Leben als Frau in einer Leistungsgesellschaft.

Im Beruf, als Mutter und als Partnerin muss sie perfekt ihre Frau stehen.

Die Anzahl der Alleinerziehenden nimmt drastisch zu. Die Anzahl der weiblichen Singles genauso.

Erfolgreiche Frauen sind Organisationsgenies.

Unzählige Termine laufen parallel und müssen vernetzt werden.

Berufliche und private Termine müssen zeitlich exakt abgestimmt werden.

Eine Frau hat, wenn sie Mutter ist, die Termine für mehrere Menschen zu koordinieren.

Eine Organisationskompetenz ist hierbei erforderlich, die sich kaum beschreiben lässt.

Kinderarzt, Geschäftsessen, Flötenunterricht, Weiterbildungskurs, Supermarkt, Reinigung, Fußballtraining, Friseur, Bäcker, Elternabend, die kranke Kollegin vertreten, Überstunden in der Firma, Kinderfrau krank, Schulunterricht fällt aus, Oma verreist, Reitunterricht, Kind hat Fieber, schnell in die Apotheke fahren, morgens früher in der Firma sein, weil Kunden früher kommen, Gespräch mit der Lehrerin in der Schule, Praktikumsplatz für den Sohn suchen, Blumen für Omas Geburtstag besorgen ...

Ich erspare ihnen Weiteres. Außerdem habe ich die Ansprüche eines eventuell vorhandenen männlichen Partners weggelassen, die kämen dann noch dazu ...

Alle Frauen sehnen sich nach Glück.

Doch bitte, wie sollen Frauen mit so einem Pensum an täglichen Aufgaben glücklich sein?

Und das Ganze geschieht zudem unter größtem Termin- und Leistungsdruck.

Viele Frauen werden von großen Ängsten geplagt. Die Angst, dem täglichen Druck nicht mehr gewachsen zu sein, kommt oft in der Nacht, so gegen 3 Uhr.

Die Angst, krank zu werden, schleicht sich oft ein.

Sie haben Angst, den Partner zu verlieren.

Oder sie haben Angst, durch finanzielle Abhängigkeit in unglücklichen Beziehungen bleiben zu „müssen".

Sie haben Angst, ihren Arbeitsplatz zu verlieren, wegfusioniert zu werden.

Die Angst, Konflikte und Herausforderungen am Arbeitsplatz nicht gelöst zu bekommen, ist so gut wie immer vorhanden.

Die Angst vor einer unsicheren Zukunft und dem Wegfallen von Wohlstand und Status ist auch nicht zu unterschätzen.

Und selbstverständlich, der Werbung, den Medien und der Kosmetikindustrie sei Dank, die Ängste, nicht mehr attraktiv und schön genug zu sein, mit all den Zeichen des Älterwerdens.

Viele Frauen sehen sich in meinen Coachings als minderwertig und Jüngeren gegenüber benachteiligt.

Ich habe großen Respekt vor den Frauen in Leistungsgesellschaften. Mir ist nicht wichtig, ob eine Frau berufstätig ist oder nicht, ob sie Mutter ist oder nicht, ob sie allein lebt oder mit Partner – alle Frauen sind beeindruckende Leistungsträger.

Immer mehr sind hervorragend qualifiziert und ausgebildet, sie werden schwanger und bekommen die Kinder und sie bekommen oft die gesamte Kritik ab, wenn die Kinder nicht wunschgemäß funktionieren, sie werden von Männern nach 20 Jahren Ehe gegen jüngere ausgetauscht, sie halten Familien zusammen, sie machen eine Wohnung und ein Haus erst zu einem gemütlichen Heim, sie planen und organisieren, sie trösten und nehmen in den Arm, sie bilden sich weiter und verdienen ihr eigenes Geld, sie wollen sexy und für ihren Partner attraktiv sein, sie wollen schlank sein, sie motivieren Männer, sie machen die meiste Arbeit und bekommen weder Dank noch Anerkennung und ... sie suchen ihr Glück.

Männer und Frauen bekommen die Auswüchse einer Leistungsgesellschaft gleichermaßen zu spüren.

Doch bitte nehmen Sie es mir nicht übel, ich bin immer noch davon überzeugt, dass Frauen in unserer Gesellschaft mehr belastet sind als Männer.

Auch wenn Väter in den Ferien oder am Wochenende für die Kinder da sind, ist das mit dem Alltag nicht zu vergleichen.

Kinder sind nach wie vor überwiegend Frauensache.

Ich freue mich über jeden Mann, der beim Kinderthema tatkräftig und verantwortungsvoll mit anpackt.

Es gibt heute auch Väter, die ihre Kinder allein großziehen, aber ihre Anzahl hält sich immer noch in Grenzen. Und bei Licht betrachtet bleiben nicht die Väter tagsüber bei den Kindern, sondern die Oma oder eine Kinderfrau ...

Frauen verdienen bei uns noch immer teilweise weniger als ein Mann bei gleicher Position und Qualifikation.

Frauen sind großen Belastungen ausgesetzt, sie sind sehr oft erschöpft und überfordert.

Es gibt zunehmend mehr verwahrloste Kinder, Armut nimmt eindeutig zu – Frauen sind unzufrieden und krank, weil sie jeden Tag zu viele Aufgaben bewältigen müssen.

Die Anzahl der suchtkranken Frauen steigt.

Ich möchte Frauen ermuntern, ihr Leben zu verändern.

Ich möchte Frauen dazu aufrufen, das eigene Leben zu managen und neu zu überdenken.

Ich fordere Frauen auf, den Zugang zu ihren Gefühlen zu finden, das eigene Potential für sich zu nutzen und sich ihrer großen intuitiven Kraft bewusst zu werden.

Ich ermutige Frauen zu einem liebevolleren Umgang mit sich selbst.

Frauen können die Welt verändern.

Fangen Sie am besten gleich heute damit an!

Kapitel 7:
Self-fulfilling Management:
Möchten Sie sich wirklich verändern?
Wege aus dem Sklavenleben –
Wege zu Zufriedenheit und Glück

Für Menschen, die von sich sagen: „So wie bisher möchte ich nicht weiterleben!", wurde SFM gemacht.

Manager des eigenen Lebens zu werden, fühlt sich wunderbar an. Zu spüren, wie man innerlich über sich hinauswächst, macht einen reich und über schwierige Lebenssituationen erhaben.

Sie gehen Probleme anders an, Sie verlieren Ihre Negativität, Sie machen Ihren Selbstwert nicht mehr von äußeren Dingen abhängig.

Sie hören auf, sich in unsinnige, kräftezehrende Konflikte verwickeln zu lassen.

Dabei ist es vollkommen unwichtig, in welcher beruflichen oder privaten Position Sie sich im Moment befinden.

Für die Entwicklung Ihrer eigenen Persönlichkeit brauchen Sie weder ein Studium noch Berufserfahrung. Ob Sie jung sind oder älter, arbeitslos oder Konzernchef, Sie können überall trainieren, denn Ihr persönliches Management-Training findet in Ihrem Inneren statt.

Sie können im Auto genauso üben wie im Flugzeug oder in der S-Bahn.

Beginnen Sie mit kleinen Schritten.

Ohne Eile, ohne Erwartungshaltung, ohne Druck.

Man hat Ihnen über Jahre und Jahrzehnte Ihr Ego antrainiert und es wird eine bestimmte Zeit dauern, bis Sie sich innerlich verändern.

Doch lassen Sie sich nicht entmutigen.

Fangen Sie einfach an!

SFM kommt aus der Psychologie. Dort gibt es den Begriff self-fulfilling prophecy.

Gemeint ist damit, dass die Umstände, die Sie sich herbeisehnen, auch wirklich eintreffen.

Umstände, die für Sie aus Ihrem momentanen Blickwinkel heraus betrachtet sowohl positiv als auch negativ sein können.

Die Dinge, die wir uns sehnsüchtig herbeiwünschen, werden sich erfüllen.

Und so wird sich durch SFM auch Ihr Wunsch nach einem sinnvollen Leben erfüllen.

Sie lernen, glücklich und zufrieden zu sein.

Sie verändern sich. Und durch Ihre innere Veränderung werden sich Ihre äußeren Lebensumstände verändern. Die innere Leere und Unruhe wird durch Lebenssinn ersetzt werden.

Um sowohl beruflich als auch privat erfolgreich sein zu können, ist es wichtig, dass wir in erster Linie unser eigenes Leben verstehen und managen können.

Lebensmanager zu sein, fühlt sich ausgesprochen gut an.

Ich habe in meinen Coachings noch keinen Menschen erlebt, der in sein altes Leben wieder zurückwollte.

SFM ist weder eine Gehirnwäsche noch eine geheimnisvolle Sekte, die Sie zu irgendetwas bekehren möchte.

SFM möchte Sie lediglich wieder dahin zurückbringen, wo Sie herkommen – nämlich zu sich selbst.

SFM möchte, dass Sie wieder sich selbst wahrnehmen. Sie dürfen Ihre lästige Ego-Maske abnehmen und brauchen sich nicht länger zu verstellen.

Um glücklich sein zu können, müssen Sie kein Geld ausgeben.

SFM macht Sie bekannt mit Ihrem eigenen, wahren ICH, zu dem Sie lange keinen Zugang hatten.

Es wird spannend werden, und ich bin heute schon stolz auf Sie, dass Sie neugierig sind und sich auf diese unbekannte Reise einlassen möchten!

Das alles Entscheidende ist, dass Sie es auch wirklich wollen! Von ganzem Herzen – dann werden Sie sehen, was geschieht ...

Kapitel 8:
Reif für ein neues Bewusstsein?
Ihr persönlicher Jakobsweg –
Sie sind aber nicht weg!

Was genau ist eine Bewusst-Seins-Veränderung? Man wird sich seines Seins wieder bewusst. Denn Sie leben Ihr Leben zu 90 Prozent unbewusst.

Unbewusst leben bedeutet, dass wir niemals hier sind, hier in diesem gegenwärtigen Moment. Denn wenn Sie genau hier sind, in diesem Moment, dann können Sie nicht denken. Sie befinden sich dann in einem Zustand von „no mind".

Ich möchte Sie darum bitten, in den nächsten Stunden darauf zu achten, wann Sie NICHTS denken.

Ich bin gespannt, was Sie feststellen!

Wenn Sie sich als Ziel setzen, Ihr Bewusstsein zu verändern, dann lösen Sie sich von Ihrer Vergangenheit und von der Zukunft.

Beides existiert nicht. Ihre Vergangenheit ist vorbei und eine Zukunft wird es nie geben.

Können Sie mir sagen, ob in einer Woche am Dienstag mein Flug nach Berlin-Tegel pünktlich starten wird?

Oder wissen Sie, ob Ihr Partner in einem Jahr noch bei Ihnen sein wird?

Oder können Sie mir sagen, was in einer Stunde in Ihrem Büro passieren wird?

Es gibt definitiv keine Zukunft. Es gibt die Gegenwart. Sie können immer nur entscheiden, was Sie JETZT tun.

Natürlich können Sie planen. Sie können sich überlegen, nächsten Sommer nach Spanien zu fliegen oder in drei Tagen mit Freunden eine

Fahrradtour zu machen oder morgen früh eine Stunde früher aufzustehen, um joggen zu gehen.

Sie können JETZT planen – ob Sie die Dinge, die Sie sich vorgenommen haben, jemals tun oder erleben werden, liegt nicht in Ihrer Hand.

Alle Unternehmen planen ihre Budgets für das nächste Jahr, sie erstellen forecasts.

Das ist in Ordnung und soll auch so sein.

Doch wie oft müssen die Entscheider feststellen, dass die geplanten Zahlen nicht hinhauen? Wie oft müssen die Planungen korrigiert werden?

Auch der weiseste Wirtschaftsweise kann uns nicht sagen, was in einem Jahr mit unserer Wirtschaft passiert sein wird.

Kluge Menschen können Prognosen erstellen.

Doch ob diese Voraussagen zutreffen oder nicht, weiß kein Mensch.

Das klingt hart für Kopf- und Verstandesmenschen. Wie oft sitze ich in meinen Coachings mit Unternehmern zusammen, die mir überzeugt versichert haben, dass sie für ihre Firma keine Kurzarbeit beantragen müssen. Sie erzählten mir von verschiedenen todsicheren Aufträgen, die in den nächsten Wochen reinkommen würden, die sie erwarteten und mit denen sie fest rechneten.

Und dann nach zwei Monaten, wenn wir die aktuelle Lage analysieren, wird mir berichtet, dass nur die Hälfte der Aufträge zustandegekommen sei, der Rest hatte nicht geklappt und nun stehe die Kurzarbeit vor der Tür.

Wir können zwar planen, wissen jedoch niemals, ob unsere Pläne so eintreffen werden.

Städte und Kommunen müssen auf Gewerbesteuereinnahmen verzichten, mit denen sie fest gerechnet haben. Haushaltssperren werden verfügt, weil das Geld bereits im Voraus verplant wurde, das im Endeffekt nie kommt.

Zulieferer und kleinere Mittelständler müssen Insolvenz anmelden. Hätten sich diese Unternehmer so etwas voraussagen lassen?

Denken Sie an Karstadt, hätten Sie die Insolvenz voraussagen können?

Ich erinnere an Porsche und VW. Die Stadt Stuttgart muss mit einigen Millionen Euro Gewerbesteuer weniger auskommen, als sie veranschlagt hatte. Wer hätte mit einer Übernahme von Porsche durch VW gerechnet?

Können Sie mir heute sagen, welche Schulnote Ihre Tochter im nächsten Halbjahr in Deutsch haben wird?

Können Sie mir jetzt sagen, ob Sie nächste Woche an einem grippalen Infekt erkranken?

Sie merken, wir leben ausschließlich in der Gegenwart, sosehr unser Verstand auch dagegen angeht.

Ein Morgen ist immer fiktiv, kann niemals klar definiert, immer nur vermutet werden.

Wenn Sie sich nun zu einer Bewusstseinsveränderung entschließen, dann erkennen Sie an, dass sich Ihr Leben zu 100 Prozent in der Gegenwart abspielt.

Sie verändern sich und kommen in Ihr eigenes Sein zurück.

Das klingt merkwürdig, damit können wir zunächst wenig anfangen. Das alles ist uns fremd und lässt uns zögern.

Wenn ich nach meinen Vorträgen mit erfolgreichen Managern rede, die den Jakobsweg gegangen sind, im Kloster eine Auszeit genommen oder eine andere Pilgerreise unternommen haben, stelle ich diesen Herren die Frage, was Sie sich von dieser Reise erhofft haben. Mich interessiert, was diese Menschen dazu bringt, sich auf wenige Dinge zu beschränken, ihr schickes Auto, ihr Geld, ihr Haus in bester Wohngegend gegen eine harte Pritsche und ein kleines Zimmer einzutauschen, für eine gewisse Zeit allen Luxus hinter sich zu lassen, um sich auf das Nötigste zu beschränken.

Ist das nicht wieder ein Paradoxon?

Schinden wir uns nicht über Jahre, um den höchstmöglichen Wohlstand zu erreichen? Wollen wir nicht Luxus und Reichtum?

Und dann laufen wir uns Blasen an den Füßen und lassen uns in Spanien inspirieren, um letztlich WAS zu finden?

Die Manager sind mir gegenüber sehr ehrlich.

„Ich möchte herausfinden, wer ich wirklich bin", sagte mir der eine.

Oder: „Ich hab es satt, immer fremdbestimmt zu funktionieren, ich wollte mich auf mich selbst konzentrieren und zur Ruhe kommen, bevor ich krank werde."

„Ich möchte mich auf eine andere Art von Menschen einlassen und sehen, wie die ihr Leben in den Griff bekommen", verriet mir ein Direktor, der den Jakobsweg gegangen war.

Genau das ist eine Bewusstseinsveränderung.

Genau das ist SFM. Sie nehmen die eine alte Brille ab und setzen eine andere, neue auf.

Zuerst sehen Sie die Welt aus dem einen Blickwinkel und dann aus einem anderen.

Kennen Sie Trainer, die mit selektiver Wahrnehmung arbeiten?

Sie können 100 Leuten eine Geschichte erzählen. Und jeder von den 100 Leuten wird die Geschichte für sich anders interpretieren und wahrnehmen.

Jeder wird etwas Individuelles daraus für sich mitnehmen. Jeder Mensch hat seine eigene Wahrnehmung. Je nach persönlicher Prägung und Biographie.

Wenn Sie sich durch SFM nun entschließen, Ihr Bewusstsein zu verändern, dann werden Sie Ihre Wahrnehmung und Ihren Blickwinkel verändern.

Aus Ihrem kleinen, durch Ihren Verstand begrenzten Ego-Blickwinkel wird ein Blickwinkel für das große Ganze werden.

So entsteht für Sie ein Paradigmenwechsel.

Die Dinge, über die Sie sich jahrelang geärgert und aufgeregt haben, lassen Sie nun kalt.

Sie werden sich auf das Wesentliche, für Sie wirklich Wichtige konzentrieren. Das füllt Sie aus und wird Sie verändern. Das ist Ihre Pilgerreise zu sich.

Und dafür müssen Sie nicht nach Spanien oder sonst wohin fliegen.

Hier und heute können Sie damit beginnen!

Um wieder Lust am eigenen Leben und Leisten zu finden, ist es wichtig, die eigene Wahrheit zu sehen.

Glück und Zufriedenheit kommen dauerhaft in unser Leben, wenn wir es schaffen, den Kontakt zu uns selbst dauerhaft aufrechtzuerhalten, wenn wir wieder wir selbst werden.

Unsere Aufgabe heißt daher:

SCHAU DICH SELBST AN!

Ja, ich weiß, das mögen wir gar nicht. Schließlich ist es auch viel einfacher, über den Kollegen, den Partner, die Kinder und den Chef zu schimpfen, als sich selbst zu hinterfragen.

Um jedoch eine Bewusstseinsveränderung trainieren zu können, ist ein ständiger Kontakt zu uns selbst unabdingbar.

Was meine ich damit?

Versuchen Sie bitte in den nächsten Tagen, wann immer es Ihnen möglich ist, sich selbst zu beobachten.

Ganz entspannt. Machen Sie sich kleine Sticker an markante Punkte in Ihrem Haus, Auto oder Arbeitsplatz.

Kaufen Sie sich ein SFM-Arbeitsbuch. Machen Sie sich persönliche Notizen, schreiben Sie in Stichworten auf, was Ihnen an sich selbst aufgefallen ist. Diese Bemerkungen gehen keinen etwas an, sie sind lediglich für Sie selbst bestimmt.

Wichtig dabei ist, dass Sie locker bleiben und nicht verkrampft versuchen, sich ab heute einem neuen, anderen Druck auszusetzen.

Ihre Notizen könnten zum Beispiel so aussehen:

- Habe mich heute Morgen über meinen Mann geärgert. Er hat wie immer das Frühstücksgeschirr auf dem Tisch stehen gelassen und nicht in die Spülmaschine geräumt.
  Ich war sehr wütend.

- Die Straßenbahn kam wieder mal zu spät, ich musste eine Viertelstunde in der Kälte stehen, ich glaube, ich werde krank und habe mich erkältet. Ich habe den Fahrer beschimpft und mich über seinen Sauladen beschwert.

- Ich war heute Nachmittag sauer auf Herrn Schmidt, weil er mich mal wieder vor allen anderen runtergemacht und unberechtigt kritisiert hat.
  Ich hasse ihn, er ist ungerecht und launisch.

- Ich habe mich vorhin über die Kinder geärgert. Überall lassen sie ihre dreckigen Klamotten liegen. Nie räumen sie was auf. Wenn ich von der Arbeit komme, möchte ich nicht auf dem Boden rumkriechen und die Sachen einsammeln.

Verstehen Sie, was ich meine?
Die Liste können Sie endlos fortsetzen.
Es kommt hier lediglich darauf an, dass Sie sich über IHRE Stimmungen und Gefühle klar werden.

Den Kontakt zu sich selbst halten bedeutet, so oft wie möglich, später am besten immer, zu fühlen, in welcher Gefühlslage Sie sich befinden.

Nehmen Sie Ihre Gefühle einfach nur zur Kenntnis.

Kritisieren Sie sich nicht. Versuchen Sie nicht, Ihre Gefühle „wegzuschieben". Lassen Sie sie einfach da sein.

Sagen Sie sich: Jetzt bin ich wütend auf ...

Oder: Jetzt bin ich enttäuscht, weil ...

Oder: Jetzt freue ich mich, denn ...

So stellen Sie den ersten Kontakt zu sich her.

So befinden Sie sich weder in der Vergangenheit noch in der Zukunft. Sie kommen zu sich, Sie kommen zurück in die Gegenwart.

Am Anfang werden es Sekunden oder Minuten sein, in denen Sie mit Ihren Gefühlen in Verbindung sind. Das ist gut.

Lassen Sie sich Zeit. Ihr Verstand wird versuchen, Sie immer wieder von Ihren Gefühlen wegzubringen. Er wird Ihnen Gedanken dazwischenschieben, die den Kontakt wieder unterbrechen.

Denn der Verstand hat große Angst, dass Sie sich verändern. Er wird alles tun, um Sie davon abzuhalten.

Doch machen Sie geduldig weiter.

Fragen Sie sich immer wieder:

Wie fühle ich mich jetzt gerade?
Was stört mich jetzt?
Bin ich verkrampft? Bin ich entspannt?

So bringen Sie sich in die Gegenwart.

So entwickeln Sie ein Bewusstsein für sich selbst.

Bitte machen Sie sich immer klar, dass es keine falschen oder schlechten Gefühle gibt.

Ihre Gefühle sind Ihre Gefühle und wenn sie da sind, dann sind sie da.

Beurteilen und bewerten Sie nichts.

Lassen Sie alles so, wie es ist.

Das ist der erste große Schritt. Das ist Ihr Anfang.

„Ach, das soll alles sein?", höre ich Sie sagen.
  „Was ist denn das für ein esoterischer Quatsch. Ich bin doch immer bei mir! So ein Blödsinn!"
  „Ich weiß doch, was ich fühle! Das mach ich doch schon immer! Wenn ich wütend bin, dann merke ich das doch! Na klar lebe ich in der Gegenwart, aber ich muss mir doch überlegen, was ich in der Zukunft machen werde!"

Falls Gedanken in dieser Art jetzt durch Ihren Kopf jagen, dann können Sie sich auf die Schulter klopfen und sich wieder hintenanstellen.
  Dann haben Sie sich und mir bewiesen, dass Ihr Verstand Sie noch immer voll im Griff hat.
  Ihr Ego hat den Kampf mit Ihnen aufgenommen.
  Ihr Ego wird Ihnen genau solche Gedanken schicken.
  Denn wenn Sie es schaffen, so viel wie möglich und vielleicht sogar immer mit sich in Kontakt zu sein, dann gibt es kein Ego mehr.
  Und glauben Sie mir, das ist das Letzte, was Ihr Ego will.

An dieser Stelle möchte ich mich noch einmal an meine männlichen Leser wenden. Bitte versuchen Sie, sich auf sich selbst einzulassen.
  Ich bin mir darüber im Klaren, dass Sie es besonders schwer haben. Ihr ganzes Leben haben Sie mit Planen verbracht. Ihre Gefühle sind Ihnen oft suspekt. So wurden Männer erzogen.

Emotionale Intelligenz kann kein Mensch lernen. Wir bekommen Sie bei unserer Geburt verschwenderisch mit in die Wiege gelegt.
  Doch sie wird uns erfolgreich aberzogen, insbesondere den Jungs und somit den späteren Männern.
  Ich möchte keine Buddhas oder Gurus aus Ihnen machen, liebe Leser.

Sie werden Ihr Unternehmen weiter führen und weiterhin planen dürfen. Nur Ihre innere Haltung wird sich verändern. Sie werden eine andere Sichtweise bekommen. Sie werden sich selbst differenzierter wahrnehmen. Sie werden eine andere Ausstrahlung bekommen.

Lassen Sie uns, bevor wir uns weiter mit SFM beschäftigen, noch einige grundlegende Punkte anschauen, die für ein neues Bewusstsein wichtig sind.

Für diese Art der Selbstreflexion brauchen Sie eine gewisse Disziplin sich selbst gegenüber. Einen unverklärten Blick sozusagen.

Ist es nicht oft so, dass wir Fehler und Unzulänglichkeiten bei anderen sofort sehen und kritisieren? Uns selbst jedoch meistens schützen und Kritik von anderen empört zurückweisen?

Versuchen Sie sich selbst von außen zu betrachten. Beginnen Sie, sich selbst aufmerksam zu beobachten und Ihr Verhalten und Denken zu studieren.
Sie wissen ja, alles entsteht in unserem Kopf.

Versuchen Sie, sich manchmal zurückzuhalten, bevor Sie handeln. Nicht jedes Wort, das Sie denken, muss über Ihre Lippen kommen. Sehr oft ist es besser zu schweigen.

Sie werden sich auch hier dabei ertappen, dass Sie keine Lust mehr haben, weiterzumachen. Dass Sie sich sagen, das kann ich doch alles schon, ist mir doch alles viel zu blöd. Was soll der Kindergarten?

Erkennen Sie immer wieder, dass Ihr Verstand, Ihr Ego, genauso auf der Hut ist wie Sie selbst.
Ihr Verstand wird ständig versuchen, Ihr neues Bewusstsein zu sabotieren und natürlich zu zerstören.

Ihr Verstand, Ihr Ego, braucht Trennung und Leid genauso, wie Sie die Luft zum Atmen brauchen.

Doch wenn Sie dies wissen, dann werden Sie die Ego-Fallen erkennen und annehmen, ohne dass Sie dabei vom Kurs abkommen.

Bitte machen Sie sich immer wieder kleine Notizen, wenn Sie bei dem einen oder anderen Punkt erkennen, dass er auf Sie besonders zutrifft. Alles, was Sie sich aufschreiben und über sich notieren, ist wichtig. Es gibt keine überflüssigen Notizen. Also denken Sie bitte niemals von sich, dass irgendein Gedanke oder Gefühl nicht sein dürfte. Das alles sind Sie und Sie möchten sich weiterentwickeln.

Prüfen Sie daher die nachfolgenden Punkte und Verhaltensweisen immer wieder an sich.

Am besten über die nächsten Monate.

Schreiben Sie viel auf. Seien Sie wach und liegen Sie auf der Lauer, wenn der Verstand wieder mit Ihnen sein Unwesen treibt!

Selbst-Analyse ist sehr spannend! Die Zeit, die wir mit uns selbst verbringen, ist immer gewinnbringend angelegt.

Und bitte haben Sie mit sich Geduld!

Hinterfragen Sie sich:

1. Gehören Sie zu den Menschen, die sich in alles einmischen?

Sie kennen doch sicher auch die Leute, die immer den passenden Ratschlag für Sie bereithalten, oder den Kollegen, der Ihnen jedes Mal sagt, wie er Ihr Problem lösen würde, Ihr Partner, der Ihnen immer einen Vortrag hält, wie Sie mit Ihren Kindern reden sollen, oder Ihre Mutter, die Ihnen ständig erklärt, wie Sie Ihren Haushalt optimieren können ...

Hören Sie bitte auf, sich in alles einzumischen!!! Sagen Sie nicht zu allem unaufgefordert Ihre Meinung! Erteilen Sie keine ungefragten Ratschläge!

Lassen Sie die anderen ihre eigenen Lösungen finden. Lassen Sie Ihre Kinder, Ihren Partner, Ihre Kollegen, Ihren Nachbarn einfach in Ruhe.

Wenn Sie ausdrücklich um einen Rat gefragt werden, dann sagen Sie gerne Ihre persönliche Meinung – ohne Anspruch auf Umsetzung.

Natürlich dürfen Sie den Mund aufmachen und Ihr Fachwissen weitergeben – wenn Sie darum gebeten werden!

Stellen Sie sich vor, wie viel weniger getratscht, gestritten und geredet werden würde, wenn sich alle Menschen aus den Angelegenheiten der anderen raushalten würden!

Unvorstellbar!

Versuchen Sie doch einfach, bei sich selbst anzufangen!

Wenn Ihr Partner über seinen Chef jammert, dann sagen Sie einfach: Oje, das muss ja anstrengend für dich sein!

Oder wenn Ihre Tochter nachmittags keine Hausaufgaben machen möchte, dann lassen Sie sie einfach in Ruhe.

Die Lehrerin wird sich schon mit ihr auseinandersetzen! (Keine Angst, ich bin nicht wahnsinnig! Ich habe selbst Kinder großgezogen und es hat wunderbar geklappt! Ich habe keine Wunderkinder!)

Oder wenn die Kollegin wieder einmal zu Ihnen kommt und über den neuen Kollegen im dritten Stock lästert, dann hören Sie einfach zu. Schaffen Sie das, ohne mitzulästern?

Sich nicht mehr in andere Angelegenheiten einzumischen bringt sehr viel Ruhe in Ihr Leben.

Achten Sie bitte auf sich! Wie oft mischen Sie sich ein? Möchten Sie den Versuch wagen und sich nicht mehr unaufgefordert einmischen?

2. Gehören Sie zu den Menschen, die den ganzen Tag urteilen, bewerten und vorverurteilen? Sagen Sie anderen, was „richtig" und was „falsch" ist?

Bitte hören Sie auf damit!

Tragödien spielen sich jeden Nachmittag in deutschen Haushalten ab, wenn Mütter ihre Kinder zu den Hausaufgaben zwingen.

„Schreib das noch mal ab, das war nicht schön!"

„Jetzt lernst du noch eine halbe Stunde französische Vokabeln, dann darfst du fernsehen."

„Warum machst du deine Hausaufgaben erst jetzt? Das ist doch viel zu spät!"

„Nimm den Füller anders in die Hand. Du hältst ihn falsch."

Woher wollen Mütter das wissen?

Wer beurteilt, was „schön" ist? Wie hält man einen Füller richtig, wie hält man ihn falsch?

Erinnern Sie sich noch, dass man vor einigen Jahren Linkshändern das Schreiben mit der rechten Hand aufgezwungen hat?

Links schreiben war „nicht richtig". Tatsächlich? Bitte, liebe Mütter, versuchen Sie sich zurückzuhalten! Beißen Sie sich auf die Zunge! Verlassen Sie das Zimmer!

Ich weiß, dass Sie das Beste für Ihr Kind wollen, doch Sie können nicht wissen, was das Beste für Ihr Kind ist!

Und auch liebe übereifrige Väter, spätabends beim Korrigieren der Mathe-Hausaufgaben, verurteilen Sie Ihr Kind nicht! Es gibt keine dummen Kinder!

Jedes Kind ist ein Unikat und hat Stärken!

Jedes Kind hat sein Thema, in dem es kreativ und gut ist, wir sollten uns die Mühe machen, dieses Thema zu entdecken.

Wie herrlich und friedlich wäre das Familienleben, wenn wir endlich aufhören würden, zu beurteilen und zu bewerten.

Und bitte machen Sie sich klar, dass im Wort beurteilen das Wort „teilen" steckt.

Indem Sie urteilen, trennen Sie sich vom anderen ab. Sie teilen sich in zwei Welten – in ICH und DER ANDERE.

Da kommt nichts dabei raus, außer Streit, Verletzungen und Krach!

„Frau Müller aus der Buchhaltung ist immer so affektiert und arrogant. Ich finde sie schrecklich!"

„Die Wohnungseinrichtung von Horst und Maria ist so altmodisch und bieder! Die passt zu ihnen!"

„Der Mathelehrer von Bastian ist total ungerecht! Heute musste Bastian schon wieder nachsitzen, wo er doch überhaupt nichts gemacht hat."

Bitte ergänzen Sie meine Beispiele. Es werden Ihnen unzählige andere einfallen.

Achten Sie darauf, wie oft Menschen, mit denen Sie zusammen sind, über andere urteilen oder Situationen und Menschen bewerten.

Und noch einmal: Es gibt niemals ein RICHTIG und FALSCH oder ein GUT und SCHLECHT.

Das Einzige, was Sinn macht, ist immer ein SOWOHL-ALS AUCH.

Sie haben recht und der andere genauso.

Wie viele schlimme Konflikte und hasserfüllte Streitereien bis hin zu Kriegen gäbe es nicht auf dieser Welt, wenn die Menschen den Standpunkt und die Sichtweise des anderen genauso gelten lassen würden wie ihren eigenen?

Auch dafür ein Bewusstsein zu entwickeln, ist für Sie spannend und am Anfang anstrengend.

Achten Sie einmal darauf, wie oft Sie einem anderen widersprechen oder Ihre Meinung zu einem Thema als die einzig richtige verkaufen wollen.

So oft sprechen wir von Toleranz. Sie tatsächlich jeden Tag zu leben, ist schwer.

Üben Sie sich darin, aufzuhören zu beurteilen und zu bewerten. Und bitte haben Sie auch hier Geduld mit sich.

In kleinen Schritten beginnen, üben, sich auf keinen Fall selbst verurteilen, wie es sehr viele tun. Das frustriert Sie und Sie schimpfen am Ende wieder über sich selbst.

Trainieren Sie langsam und in aller Ruhe. Es ist schon aufregend genug, die anderen beim Beurteilen zu beobachten.

Wissen Sie eigentlich, dass sich manche Menschen extra in Straßencafés setzen, um über andere Leute zu reden?

Über das unmögliche Kleid der Frau am Nebentisch, den fetten Hintern der Kellnerin, die alten, ungepflegten Schuhe des Mannes gegenüber oder über das verliebte Paar, das gerade Hand in Hand vorbeischlendert und ihrer Meinung nach überhaupt nicht zusammenpasst ...

Bitte sagen Sie jetzt nicht, dass Sie das auch ganz gerne tun!

Ganz bestimmt fällt Ihnen etwas Besseres ein!

3. Sind Sie ein Konfliktvermeider und -aussitzer?

In meinen Coachings werde ich regelmäßig mit Herren in Führungspositionen konfrontiert, die Weltmeister im Schweigen sind.

Sie lösen Konflikte, indem Sie entweder gar nichts sagen und so tun, als sei der Konflikt nicht da, oder sie beauftragen andere, sich darum zu kümmern.

Ob privat oder beruflich, sind diese Menschen nicht in der Lage, Konflikte, Meinungsverschiedenheiten oder verschiedene Sichtweisen höflich, direkt und sachlich anzusprechen.

Es entstehen gefährliche Schwelbrände, die großen Schaden anrichten, wenn sie irgendwann doch ausbrechen.

Hoch ausgezeichnete, fachlich hoch qualifizierte Menschen bringen es nicht fertig, private Dates mit Leuten abzusagen, die sie nicht treffen möchten. Oder ihrer Frau zu vermitteln, dass sie im Bett unzufrieden sind und den Sex schon lange stinklangweilig finden.

Jahrelang wird da vor sich hin geschwiegen, bis die Bombe platzt.

Bitte haben Sie den Mut, auch wenn Sie unsicher und ängstlich sind, weil Sie sich vor den Folgen Ihres Gesprächs fürchten, Konflikte anzusprechen, wenn sie noch klein sind und nicht so hohe Wellen schlagen.

Ob beruflich oder privat, sollten Sie die Menschen immer, ohne sie dabei anzugreifen, mit der Wahrheit konfrontieren.

Mit Ihrer Wahrheit. Und Sie sollten immer wissen, dass andere eine andere, ihre eigene Wahrheit haben werden.

Wie transparent und weniger konfliktbeladen wäre das Klima in Unternehmen und Familien, wenn Männer und Frauen sich trauen würden, über die vorhandenen Gegensätze und Verschiedenheiten zu sprechen, bevor sie zu einem riesigen, unübersichtlichen Berg angewachsen sind.

Bitte wagen Sie sich auch an diesen Punkt heran!

Üben Sie!

Rufen Sie die Frau an, die Sie vor Kurzem kennengelernt haben und mit der Sie dreimal essen waren, und sagen Sie ihr, dass Sie keine feste Beziehung wollen. Schweigen Sie nicht! Wagen Sie sich aus Ihrer Höhle!

Sprechen Sie den Kollegen an, von dem Sie der Meinung sind, dass er hinter Ihrem Rücken über Sie lästert. Fragen Sie ihn höflich und ruhig, warum er das tut.

Fürchten Sie sich nicht vor seiner Reaktion. Auch wenn er alles abstreitet, so wurde doch der Konflikt auf den Tisch gebracht.

Die Wahrheit reinigt immer. Die Luft wird wieder klar, auch wenn Sie sich am Anfang davor fürchten.

Das gilt für das Privatleben genauso wie für das Berufsleben!

Schweigen, um Krach zu vermeiden, klärt niemals die Situation.
Der Krach wird lediglich in die Zukunft verschoben, doch auflösen wird er sich niemals!

Ich appelliere an Führungskräfte, sich dessen bewusst zu sein, dass sie eine Vorbildfunktion haben.
Fachliche Qualifikation ist keine Garantie für ausgeprägte menschliche Reife!
Es werden unzählige menschliche Versager an Schlüsselpositionen von Unternehmen gesetzt, die durch ihr unreifes Verhalten großen Schaden anrichten.

Wenn Personalchefs, die oftmals selbst eine mangelhafte Sozialkompetenz aufweisen können, mehr auf solche Dinge achten würden, dann fänden sie viel öfter den RICHTIGEN Mitarbeiter und somit auch den BESTEN.

4. Gehen Sie mit anderen respektvoll um?

Respektvoller Umgang mit anderen Menschen wird uns normalerweise nicht separat beigebracht.
Vorbild sind am Anfang unsere Eltern, Großeltern, Verwandte und Freunde, Lehrer, generell die Bezugspersonen, mit denen wir als Kind aufwachsen.

Geht es Ihnen heute auch so, dass Sie einen respektvollen, höflichen Umgang der Menschen miteinander immer mehr vermissen?

Beim Autofahren fällt es mir besonders auf, wie unhöflich Menschen sind.
Keiner bedankt sich, die Mienen in den Gesichtern sind verkrampft und unfreundlich.

Egoismus in Reinkultur erleben wir auf unseren Straßen jeden Tag.

Auch viele Chefs sind in ihren Unternehmen kein Vorbild an Höflichkeit und Respekt. Oftmals lässt der Ton zu den Mitarbeitern sehr zu wünschen übrig.

Autoritär, unfreundlich und herablassend werden Anweisungen gegeben. Abhängigkeiten werden ausgenutzt. Menschen werden kontrolliert. Jeder misstraut jedem.

Doch auch Eltern gehen mit ihren Kindern oft respektlos um. Sie ignorieren sie und geben keine Antwort, wenn sie angesprochen werden. Eine schlimme Form der Kränkung und Unhöflichkeit.

Menschen Wertschätzung entgegenzubringen ist das Minimum an Umgangsformen.

Man kann unterschiedliche Meinungen vertreten, doch man sollte immer respektvoll und höflich mit dem anderen umgehen.

Auch wenn wir es zeitweise lästig finden, so sollten wir anderen immer mit dem nötigen Respekt begegnen.

5. Fragen Sie sich „Was kann ICH tun, um etwas zu verändern?"

Wenn ich in Unternehmen eingeladen werde, höre ich immer wieder unendlich lange Beschwerden der Vorgesetzten, was die Mitarbeiter alles wieder NICHT GETAN haben.

Wie unfähig, verbohrt und dickköpfig die Mitarbeiter sind, wie sie sich verweigern und dem Unternehmer das Leben schwer machen.

Wenn ich jedoch dann den Unternehmer selbst frage, was ER denn getan hat, um seine Mitarbeiter zu begeistern, dann sehe ich oft nur ein Schulterzucken.

Genauso ist es mit Eltern, die sich bei mir über die Faulheit, den Trotz und Unwilligkeit ihrer Kinder auslassen. Doch haben Sie sich als Eltern schon einmal überlegt, wie Sie sich Ihren Kindern gegenüber verhalten?

Wir sind Profis darin, die Schuld immer wieder bei anderen zu suchen. Wir machen uns unser blockierendes Verhalten nicht bewusst. Insbesondere möchte ich an dieser Stelle wieder die Männer ansprechen. Bei den meisten von ihnen ist diese Verhaltensweise stärker ausgeprägt als bei Frauen.

Frauen neigen viel mehr dazu, ihr eigenes Verhalten kritisch zu sehen, an sich zu zweifeln. Frauen gehen meistens sensibler mit anderen um.

Zahlreiche Männer poltern vollkommen emotionslos und schmerzfrei durch Firmen und Familien. Sie erkennen nicht, wie sehr sie andere durch ihr derbes Verhalten verletzen und kränken.

Die wenigsten Männer fragen sich in ihren Ehen oder an ihren Arbeitsplätzen: Was habe ich dazu beigetragen, dass es zu dieser Situation kommen konnte? Was kann ich tun, um die Situation zu entschärfen oder zum Guten hin zu verändern?

Sehr selbstgefällig halten viele Männer ihr Verhalten für korrekt. Bitte bedenken Sie, liebe Leser, dass ein Schweigen der Mitmenschen nicht immer Zustimmung bedeutet!

Werden Sie sensibler, versuchen Sie sich in andere einzufühlen! Mir ist bewusst, das ist ein hoher Anspruch, wenn „mann" noch nicht einmal klar benennen kann, was „mann" selbst fühlt.

Doch auch hier ist das tägliche Training entscheidend!

6. Ertragen Sie Kritik?

Wie gehen Sie mit persönlicher Kritik um?

Haben Sie auch schon Vorgesetzte und Chefs erlebt, die tief gekränkt und beleidigt den Kontakt zu ihrem Kritiker abgebrochen haben, weil sie nicht den Selbstwert besaßen, sich mit der Kritik sachlich auseinanderzusetzen?

Und wie viele Frauen ziehen sich beleidigt und verschnupft in ihr Schneckenhaus zurück, wenn man sie kritisiert.

Liebe Leserin und lieber Leser, bitte verändern Sie Ihre Einstellung zu Kritik.
Wenn ich von Kritik spreche, dann meine ich natürlich immer die sachlich und höflich vorgetragene, die sogenannte konstruktive Kritik.

Viele Männer benutzen für Kritik ein anderes Wort. Sie nennen es Vorwürfe.
(Welche Frau hat das nicht schon von ihrem Partner zu hören bekommen?)

Sowohl im Privatleben als auch im Berufsleben sind die meisten Menschen hochsensible Mimosen, wenn andere sich erdreisten, sie zu kritisieren.

Es kratzt sehr am Ego und der Selbstwert droht zusammenzubrechen, wenn man kritisiert wird.
Besonders verletzend ist Kritik, wenn man sich für etwas angestrengt hat, von sich überzeugt war und es besonders „gut" machen wollte und der andere einen scheinbar zerreißen möchte.

Überlegen Sie bitte, ob Sie Ihre Einstellung zu Kritik und den Menschen, die Sie kritisieren, nicht verändern können.

Jeder, der Sie kritisiert, nimmt Sie aus seinem Blickwinkel, dem eigenen, subjektiven, wahr.
Sollte es nicht eher interessant für uns sein, wenn wir kritisiert werden?
Erfahren wir dann nicht sehr viel darüber, wie andere uns sehen? Wie wir von anderen wahrgenommen werden?

Vielleicht gelingt es Ihnen bei der nächsten Kritik einfach mit einem „Aha, das ist ja interessant" zu antworten.

Durch Kritik können wir unsere bis heute noch unverarbeiteten Introjekte kennenlernen. Verletzungen aus unserer Vergangenheit, die bisher verdrängt wurden, und viele unverdaute, unverarbeitete Kränkungen und Geschehnisse lagern noch irgendwo, tief verborgen in unserem Inneren – gut versteckt und unentdeckt.

Immer dann, wenn Sie auf eine Kritik allergisch, verletzt, wütend oder beleidigt reagieren, hat jemand bei Ihnen einen wunden Punkt getroffen. Dann sollten Ihre Alarmglocken laut läuten und Sie sollten mit offenen Augen hinschauen. Hier wurde etwas Altes, Verdrängtes angestoßen.

Anstatt wütend oder beleidigt zu reagieren, sollten Sie diesem Menschen danken.

Setzen Sie sich zu Hause in Ruhe hin und gehen Sie die Situation noch einmal durch.

- Was wollte der Kritiker Ihnen mitteilen?
- Warum fühlen Sie sich durch die Kritik
  ungerecht behandelt oder falsch wahrgenommen?
- Was genau wurde in Ihnen verletzt?
- Steckt in der Kritik ein Stückchen Wahrheit?
- Reagieren Sie wütend, ausfallend, traurig,
  empört oder enttäuscht?
- Brechen Sie den Kontakt zu dem Kritiker ab? Reden Sie schlecht
  über ihn? Ziehen Sie sich beleidigt zurück?

Kritik kann etwas sehr Belebendes sein. Immerhin war der Kritiker so mutig und hat Sie persönlich angesprochen.

Nun liegt es bei Ihnen, ob Sie mit einem starken, belastbaren Selbstbewusstsein gelassen und offensiv mit der Kritik umgehen und das Gute für sich herausfiltern oder ob Sie zum Angriff übergehen und sich bemüßigt fühlen, sich und ihr Verhalten verteidigen zu müssen.

An Menschen, die mit Kritik gut und offen umgehen, kann man erkennen, dass sie sich selbst gerne reflektieren und bereit sind, über sich selbst zu lernen.

Beobachten Sie sich! Kritik ist immer positiv!
 Wenn Sie für sich etwas daraus machen!

7. Versuchen Sie oft, andere zu manipulieren und zu kontrollieren?

Wir alle sind überwiegend Kopfmenschen. Das heißt, bei allem, was wir tun, sehen wir in erster Linie unseren eigenen Vorteil, unser eigenes Weiterkommen oder unseren eigenen Nutzen. Kopf- und Verstandesmensch zu sein, heißt, dass unser Ego uns führt.

So versuchen wir ständig unsere Kinder, unsere Partner und unsere Kollegen zu manipulieren. Wir versprechen schöne Belohnungen, wir säuseln und spiegeln Freundschaften und Interesse vor, wo keins vorhanden ist.

Besonders unsere Kinder ködern wir mit Belohnungen für „gutes und richtiges" Verhalten. Kleine Geldgeschenke erhalten auch hier die „Freundschaft".

Das Einzige, was wir unseren Kindern auf diese Weise mit auf den Weg geben, ist die Sicht, dass Menschen manipulierbar sind und sich vom eigenen Weg (und nur der kann der richtige sein!) abbringen lassen. Durch Geld sowieso.

Geld ist ein Türöffner, Einschleimer und Beschleuniger.

Immer dann, wenn sich Hindernisse oder Barrieren vor Menschen auftun, helfen zahlreiche Leute mit „kleinen Geldgeschenken und Annehmlichkeiten" nach.

Andere für sich und seine eigenen Vorteile zu manipulieren und zu lenken ist in unserer Gesellschaft gang und gäbe.

Praktikums- und Ausbildungsplätze für die eigenen Kinder werden unter der Hand vermittelt.

Mitarbeiter in abhängigen Positionen werden mit Verlockungen, Versprechungen, Bevorzugungen und Beförderungen oftmals auf den „richtigen" Weg gebracht.

Menschen werden von uns kontrolliert und überwacht, um so zu verhindern, dass uns materiell etwas verloren geht.

Fast alle Menschen sehen die Dinge rein aus der kognitiven Betrachtungsweise, der Kopfsicht. Und so hält sich dann auch das schlechte Gewissen in Grenzen, denn andere machen es schließlich genauso.
Und überhaupt ist man sich immer selbst der Nächste.

Auch hier bitte ich Sie den Blick zu schärfen!
Schauen Sie genau hin!
Sie können in Wahrheit nichts kontrollieren!
Machen Sie sich klar, dass sich kein Mensch gerne manipulieren und kontrollieren lässt.
Sobald Sie den Menschen den Rücken zudrehen, endet Ihre Kontrolle!

Das gilt gleichermaßen für die eigenen Kinder wie auch für die im Unternehmen beschäftigten Mitarbeiter!

Wie Sie sehen konnten, ist das eigene Hinterfragen der erste Schritt zum erfolgreichen Manager des eigenen Lebens.

Das eigene Verhalten ist maßgeblich.
Wir können andere niemals verändern. Wie denn auch? Jeder möchte immer das tun, was er selbst für richtig hält. Das machen Sie doch genauso.

Doch wenn wir uns angewöhnen, uns mit unseren eigenen Angelegenheiten zu beschäftigen, dann haben wir gar keine Zeit mehr, uns in die Dinge der anderen einzumischen.

Lassen Sie die anderen das tun, was ihnen wichtig ist. Und tun Sie das, was Ihnen wichtig und richtig erscheint.

Nichts ist richtig, nichts ist falsch. Es ist immer so, wie es ist.

Nur weil Sie etwas als falsch, schlecht, böse oder überflüssig benennen, muss es nicht so sein.

Die Wahrheit schert sich nicht nach Ihrer Meinung! Die Wahrheit ist immer einfach nur die Wahrheit.

Versuchen Sie, die oben erläuterten Punkte nach und nach in Ihr Privat- und Berufsleben zu integrieren.

Bitte langsam, mit viel Geduld und Gelassenheit!

Und vor allem – ohne Druck!

Das für Sie Richtige wird immer genau zur richtigen Zeit zu Ihnen kommen. Vertrauen Sie darauf! Sie können sowieso nichts kontrollieren!

Kapitel 9:
Was machen Ihre Gedanken mit Ihnen?
Was machen Sie mit Ihren Gedanken?

Ist Ihnen schon aufgefallen, dass wir immer denken?

Wie geht es Ihnen, wenn Sie morgens aufwachen? Was schätzen Sie, wie viel Zeit vergeht zwischen Ihrem Aufwachen und dem ersten Gedanken, der durch Ihren Kopf jagt?

Ein paar Sekunden? Einige Minuten?

Kaum machen wir die Augen auf, ist der Anpeitscher auch schon da:

- Das muss ich noch erledigen.
- Den muss ich gleich anrufen.
- Das habe ich noch nicht besorgt.
- Das ist gestern liegen geblieben.

Die kurze Nachtruhe beschert uns einige „denkfreie" Stunden.

Die meisten von uns schlafen mit irgendwelchen Gedanken ein und wachen auch mit Gedanken wieder auf.

Ich denke, also bin ich! Ist das wirklich so?

Durch Gespräche in meinen Coachings habe ich erfahren, dass viele Menschen unter ihren Gedanken leiden, anstatt durch ihre Gedanken zu sein.

Ständig ist diese lieblose innere Stimme in uns aktiv:

Ich sollte, ich muss noch schnell, ich will, ich brauche, du musst noch, er soll nicht, sie soll, wir müssen noch …

Sind unsere Gedanken in Wahrheit für uns ein Folterinstrument, das uns von unserem Glücklichsein abschneidet?

Warum denken wir die ganze Zeit? Muss das so sein?

Können Gedanken uns unglücklich machen? Können Gedanken uns glücklich machen?
    Kann ich glücklich werden, wenn ich überwiegend positiv denke?
    Kann ich meine Probleme durch Denken lösen?

Denken alle Menschen so viel?
    Gibt es bessere und schlechtere Denker?

Zuerst möchte ich Ihnen sagen, dass unsere Gedanken maßgeblich daran beteiligt sind, dass wir nicht glücklich sein können.

Unser Gedankenstrom ist nicht ein seicht dahinplätschernder kleiner Bach, der gemächlich seinen Weg sucht, sondern vielmehr ein alles mit sich reißender, wilder, ungezähmter, unkontrollierbarer Strom, der uns schlimmstenfalls sogar zerstören und vernichten kann.

Wie viele Menschen kennen Sie, die nach jahrelangen schweren Depressionen keinen anderen Ausweg mehr für sich sahen als den Freitod?
    Die außergewöhnliche Anteilnahme von Millionen Menschen an dem Suizid von Robert Enke, unserem Torwart der Fußballnationalmannschaft und des Bundesligisten Hannover 96, hat uns gezeigt, dass sich viele in dem jungen, verzweifelten Mann wiedererkannt haben.
    Nach außen wirkte Robert Enke ausgeglichen, fröhlich und mit sich selbst im Reinen.
    Doch in ihm tobte seit Jahren ein schlimmer Krieg.
    Seine vernichtenden Gedanken und die daraus resultierenden Gefühle trieben ihn eines Tages auf die Bahngleise in der Nähe seines Wohnorts und ließen ihn sein Leben dort beenden, indem er sich schließlich vor einen Zug warf.

Viele Menschen haben im Laufe ihres Lebens genau dieses Verhalten gelernt: Nach außen wirken sie robust, gesund, vital und motiviert.

Wenn diese Menschen jedoch mit sich allein sind, dann spielen sich Dramen in ihrem Inneren ab – die Stimme in ihrem Kopf verhöhnt, beleidigt, beschimpft und kränkt sie ständig, Tag für Tag und Nacht für Nacht.

Nur selten sprechen diese Menschen über ihre schlimmen Qualen – sie schämen sich an ihrem Arbeitsplatz, in ihren Familien oder ihren Freunden gegenüber für ihren lebensfeindlichen Zustand.

Schließlich sieht man ihnen äußerlich nichts an. So gelingt es ihnen, monatelang und manchmal sogar jahrelang ein vernichtendes Schauspiel aufrechtzuerhalten.

Gedanken können vollkommen die Macht über einen Menschen erlangen und ihn von einem glücklichen Leben fernhalten.

Unser Denken ist vollkommen aus dem Gleichgewicht geraten. Wir leiden unter unserem Denken.

Wie wir bereits erfahren haben, bilden wir unser Ego, unser falsches Selbst, unseren Verstand während unserer Kindheit, um uns selbst zu schützen und Liebe zu bekommen.

Wir versuchen uns an die jeweiligen persönlichen Gegebenheiten und Lebenssituationen anzupassen, um überleben zu können.

Wir „denken" uns die Welt, so wie wir sie zum Überleben brauchen.

Das Kranke und Schlimme daran ist, dass wir irgendwann daran glauben, dass wir dieses Ego tatsächlich sind.

Wir sind davon überzeugt, dass es so sein muss, wenn unser Verstand Dinge bezeichnet, beurteilt, definiert und bewertet.

Irgendwann haben wir angefangen, zwanghaft zu denken.

Da sich jedoch alle Menschen so verhalten, sind wir der Meinung, es müsste so sein. Wir sehen nichts Krankes daran, dass wir unablässig denken.

Wir haben das Zwanghafte zur Normalität erkoren.

Und da es allen so geht, akzeptieren wir, dass wir anscheinend so leben müssen.

Unser Verstand, unser Denken, wird zu unserer künstlichen, eigenen Persönlichkeit.

Wir sind irgendwann unbewusst davon überzeugt, dass unsere Gedanken wir selbst sind. Sie schenken uns offensichtlich eine falsche Identität.

Wir können unser Denken nicht abschalten. Wir denken immerzu.

Unsere Gedanken sind wie das leise Summen unseres Computers, ein Geräusch, das kontinuierlich da ist, das wir jedoch oft nicht mehr bewusst wahrnehmen.

So schafft es unser Verstand, oft destruktiv zu wirken.

Unser Verstand hat sich verselbstständigt.

Er ist nicht mehr das Mittel zum Lösen unserer Aufgaben und Probleme, sondern wir sind sein Werkzeug geworden.

Unser Verstand hat uns fest im Griff. Er manipuliert uns und hält uns gefangen.

So sind wir in Wirklichkeit Sklaven unseres Verstands. Wir sind unfrei. Wir sind vom Glück abgeschnitten.

Wir leiden unter unseren Gedanken. Wir haben keine Möglichkeit, unser Denken abzuschalten.

So haben die Gedanken die Herrschaft über uns und unser Tun übernommen.

Das Ego, unser künstliches, falsches Selbst, kann nur mit Hilfe unserer Gedanken überleben.

Es wird daher alles daransetzen, dass die Versklavung von uns erhalten bleibt.

Versuchen Sie einmal, Ihr Denken abzuschalten! Sagen Sie sich, heute Vormittag werde ich zwei Stunden nicht denken!

Ich bin gespannt, wie weit Sie kommen ...!

Gibt es einen Schalter, mit dem Sie Ihr Denken ausschalten können?

Sie sehen, unsere Gedanken, unser Verstand, benutzen uns. Da wir jedoch der Meinung sind, wir wären unser Verstand, fällt uns diese Manipulation nicht auf. Wir leben demnach unbewusst. Wir haben für unser wahres Sein kein Bewusstsein entwickelt.

Wie denn auch? Unser ursprüngliches, wahres ICH wurde in unserer frühesten Kindheit ganz tief in unserem Inneren vergraben, bis wir es fast nicht mehr wahrnehmen konnten.

Das Ego gewann immer mehr an Kraft und Bedeutung. So wurden wir immer unbewusster und damit auch unglücklicher.

Erst wenn Sie für sich erkennen, dass Sie in Wirklichkeit nicht Ihr Verstand sind, dann sind Sie auf dem Weg zu Ihrer persönlichen Freiheit.

Durch SFM werden Sie erfahren, wie Sie sich von Ihrem zwanghaften Denken befreien können.

Stellen Sie sich bitte einmal folgende Situation vor: Es ist ein schöner, warmer Sonntag. Sie haben sich für heute nichts vorgenommen, Sie möchten sich von einer anstrengenden Woche erholen und neue Kraft tanken.

Sie freuen sich auf Ihr Buch, das Sie schon seit einigen Tagen lesen möchten.

Sie legen sich gemütlich auf Ihr Sofa, strecken die Beine entspannt aus und schlagen die erste Seite auf.

Sie beginnen zu lesen ...

Plötzlich schießt es Ihnen durch den Kopf: „Habe ich den Vorgang für die Geschäftsreise von Herrn Müller an Frau Schmidt weitergegeben?"

Sie denken kurz nach, entscheiden, dass Sie das morgen früh nachprüfen können, und lesen weiter.

Plötzlich schießt es wieder durch Ihren Kopf:

„Wenn der Preis für Heizöl weiter so stark ansteigt, werden wir dieses Jahr nicht in den Winterurlaub fahren können, denn wir müssen Heizöl kaufen. So ein Mist. Ob die Schröders von nebenan auch auf ihren Urlaub verzichten müssen? Schließlich fahren die mindestens dreimal im Jahr in den Urlaub. Ich werde morgen gleich beim Heizöllieferanten anrufen, um nach dem aktuellen Preis zu fragen ..."

Sie kuscheln sich in Ihr Sofa und lesen weiter.

Plötzlich schießt es Ihnen wieder durch den Kopf:

„Ich wollte doch gestern noch neue Druckerpatronen kaufen! Das habe ich ganz vergessen! Dann kann ich nachher meine Briefe nicht ausdrucken ... So blöd! Und ich wollte das am Sonntag erledigen."

So oder so ähnlich sieht es aus, wenn sich ein Kopfmensch entspannt.

Das nennen wir dann: Ich lag am Sonntagnachmittag gemütlich auf meinem Sofa und hab mich ausgeruht.

Merken Sie, wie sehr uns das Denken im Griff hat?

Wir können es nicht abschalten. So kommt es, dass wir uns ständig mit unseren Gedanken Stress und Druck aufbauen. Wir stressen uns sogar dann, wenn wir anscheinend nichts tun.

Ist das nicht makaber?

Mit unseren Gedanken erzeugen wir unsere Welt. Die Welt findet in unseren Gedanken statt.

Der eine Mensch sagt:

„Oh, was für eine herrliche Welt, ich bin gesund, die Sonne scheint, ich sehe die blühenden Blumen auf meinem Balkon. Von meinem Chef lasse ich mich nicht stressen. Er ist in Wirklichkeit ein ganz reizender Mann. Leider ist seine Frau sehr krank. Ich kann gut verstehen, dass er sich zur Zeit schlecht fühlt und mit uns etwas ungeduldig und barsch umgeht. Aber auch das geht wieder vorbei ...“

Und der andere Mensch sagt:

„Schon wieder muss ich die Blumen auf dem Balkon gießen! Jeden Tag gießen macht mich verrückt. Und dann noch dieser unfreundliche Chef, den ich morgen wieder ertragen muss!

Seit seine Frau krank ist, benimmt der sich unmöglich. Immer dieser Kommandoton! Ich lass mir das nicht mehr lange bieten! Wenn das so weitergeht, werde ich mich nach etwas anderem umsehen und kündigen ...“

Gedanken erschaffen Ihre Welt!

Dieselben äußeren Bedingungen können Ihnen einmal gut oder ein anderes Mal schlecht erscheinen.

Es hängt ganz von Ihrem Denken ab!

Spüren Sie, wie Ihre Gedanken eine innere Unruhe in Ihnen erschaffen? Wie Sie sich sofort aus der Entspannung in eine Anspannung begeben?

Da hilft Ihnen die beste Meditations- und Yoga-Übung nichts.

Solange Sie Sklave Ihres Verstandes sind, gibt es kein Entrinnen und kein Glück!

Sie dürfen jede Minute wählen, ob Sie im Himmel leben oder in der Hölle! Sie entscheiden, wo sich Ihr Leben abspielt!

Kein anderer als Sie!

Erinnern Sie sich an unseren Mann auf Geschäftsreise, der abends in sein Hotelzimmer kommt und sofort den Fernseher einschaltet?

Er fürchtet sich in Wahrheit vor seinen Gedanken. Natürlich wird er uns erzählen, dass er noch schnell die Nachrichten sehen möchte, um über das aktuelle Tagesgeschehen informiert zu sein.

In Wahrheit ist es jedoch so, dass er vor seinen Gedanken und somit auch vor sich selbst davonläuft.

Was würde passieren, wenn er den Fernseher nicht einschalten, die Stille zulassen und sich einfach auf sein Bett legen würde?

Könnte er sich entspannen? Oder würde es ihm wie der Frau von vorhin gehen, die auf dem Sofa ihr Buch lesen wollte?

Daran sehen Sie, wie wir zu unseren Gedanken stehen. Wir hassen unsere Gedanken, denn sie machen uns meistens Angst.

Allein mit unseren Gedanken zu sein, ist für die meisten von uns eine ziemlich bedrohliche Angelegenheit, vor der sie sich fürchten und die sie vermeiden, wann immer es geht.

Ihre Gedanken sind meistens damit beschäftigt, Ihnen zu suggerieren, was Sie noch sollen oder müssen, was Sie brauchen oder wollen, um glücklich sein zu können.

- Sie brauchen Ihre Arbeitsstelle.
- Sie brauchen mehr Geld.
- Sie brauchen Ihren Partner.
- Sie müssen sich weiter qualifizieren.
- Ihr Chef muss Sie besser behandeln.
- Sie wollen fleißigere Kinder.
- Sie sollten nicht so dick sein.
- Sie müssen mehr Sport treiben.

- Sie wollen so erfolgreich sein wie Ihre Nachbarin.
- Sie sollten sich mehr Zeit für Ihre Kinder nehmen.
- Sie sollten mehr Sex haben.
- Sie müssen sich um eine neue Wohnung kümmern.
- Sie müssen diesen Vorgang hier noch schnell fertig machen.

Dies ist unsere Realität, die wir uns mit und durch unsere Gedanken erschaffen. Das ist unser Leben! Ist das nicht jämmerlich?

Männer und Frauen sind versklavt und merken es noch nicht einmal! Können Sie sich so etwas in unserer modernen, hoch technisierten Informationsgesellschaft vorstellen?

Und wir feiern unsere persönliche Freiheit – unseren freien Willen! Was für eine Art von Freiheit ist das, die wir jeden Tag leben?

In den Industrienationen existieren Millionen von unfreien Gedankensklaven, die alle denken, das Leben muss so sein.
Ist das nicht in Wahrheit tiefste geistige Steinzeit?

Soll dies das Resultat unserer Evolution sein?
Ist das das Ende unserer Entwicklung zum Hochleistungs-Menschen?
Sind diese verkrampften, erschöpften Sklaven die Krönung der Schöpfung?

Sie haben es in der Hand!
Sie können entscheiden, ob Sie ein Leben in Freiheit oder geistiger Gefangenschaft führen wollen.

Durch SFM werden Sie Ihre geistige Freiheit und seelische Gesundheit finden und ein neues Bewusstsein trainieren.

Daher ist es wichtig, dass wir unseren Verstand wieder zu dem machen, was er am Anfang für uns war: nichts weiter als ein Hilfsmittel, ein Handwerkszeug.

Nicht mehr und nicht weniger. Wir haben ihm eine zu große Wertigkeit verliehen. Das war nicht gut für uns.

Unsere wahre Intelligenz liegt hinter unserem Verstand verborgen. Hinter unserem Denken liegt unser wahres, echtes Potential.

Unternehmer und Personalchefs würden sich die Haare ausreißen, wenn sie sich darüber bewusst wären, dass alle Mitarbeiter und sie selbst jeden Tag nur mit halber Kraft arbeiten, weil die Handbremse permanent angezogen ist.

Eine Vergeudung von Kapital und menschlichen Ressourcen aus reiner Unbewusstheit und traditioneller Erziehung!

Zum Glück war uns das nie bewusst!

Die Einzigen, die unsere Beschränkung mit klarem Geist erkennen, sind unsere Kinder.

Doch leider haben die nicht viel zu sagen. Und noch bevor sie etwas dazu sagen könnten, haben wir sie in Egoisten verwandelt.

So bleibt uns die Versklavung auch weiterhin erhalten.

Die Ego-Stimme in unserem Kopf, der Anpeitscher, hält jede Sekunde den Kontakt zu uns aufrecht.

Außer wenn wir schlafen, hat jeder permanent das zweifelhafte Vergnügen mit seiner Ego-Stimme.

Es ist nicht etwa eine liebevolle, angenehme Stimme. Nein, es ist meistens eine herrische, dominante Stimme, die unser Leben mit gemeinen Kommentaren versieht, die uns Angst vor der Zukunft macht, die uns mit anderen, meistens Besseren, Klügeren und Erfolgreicheren vergleicht.

Diese Ego-Stimme kann Ereignisse oder Situationen aus unserer Vergangenheit wieder aufleben lassen, sie kann jedoch genauso gut fiktive

Horror-Szenarien aus der Zukunft erschaffen, vor denen wir uns heute schon mal fürchten dürfen, wie zum Beispiel Arbeitslosigkeit, Krankheit, Trennung, Armut usw.

Meistens kommen wir in der Zukunft schlecht weg, daher müssen wir heute noch mehr Geld verdienen, noch mehr Sicherheiten suchen und unseren Wohlstand vermehren.

Da diese Stimme die Stimme unseres Verstands, also unseres falschen Selbst, ist, wird sie immer die Vergangenheit mit der Zukunft vermischen.

Gerne bekommen wir abends vor dem Einschlafen oder auch mitten in der Nacht ein Bilderkino vorgeführt, was uns alles passieren und zustoßen könnte, wenn wir nicht dies oder jenes noch erledigen.

Sorgen und Ängste machen sich in uns breit.

Wir wälzen uns voller Unruhe im Bett herum, unfähig diese endlosen Gedankenschleifen aus unserem Kopf zu verbannen.

Wie hilflose Kinder sind wir dieser Stimme ausgeliefert.

Da die Ego-Stimme alles mit dem Blickwinkel aus unserer Vergangenheit wahrnimmt, verfälscht sie unsere Gegenwart.

Erfahrungen und Erlebnisse aus der Vergangenheit lassen uns auch in der Gegenwart nicht los.

So haben wir überhaupt keine Chance, ein glückliches Leben zu führen.

Ich bitte Sie, dass Sie sich in den nächsten Tagen selbst beobachten und genau zuhören, wie Ihre Ego-Stimme mit Ihnen spricht.

- Welche Gedanken sind ständig da? Es handelt sich hierbei um fest installierte Gedanken-Schlangen, die im regelmäßigen Rhythmus durch Ihren Kopf jagen – sie scheinen fest zu Ihrer Persönlichkeit zu gehören.

Beliebte Gedanken-Schlangen bei Leistungs-Menschen sind zum Beispiel:

- Ich brauche mehr Geld.
- Eine Partnerin passt nicht in mein Leben.
- Ich brauche einen besseren Job.
- Mein Chef ist ein arroganter Angeber.
- Ich muss mehr arbeiten.
- Ich trenne mich von meinem Mann.
- Ich brauche einen Nachfolger für die Firma.
- Ich werde nächstes Jahr weniger arbeiten.
- Die Welt ist schlecht und kriminell und korrupt.
- Mit 55 höre ich auf zu arbeiten ...

Gedanken-Schlangen erkennen Sie daran, dass sie über einen langen Zeitraum immer wieder durch Ihren Kopf schießen.

Jahre können mit diesen Gedanken-Schlangen vergehen ... Sie können mit Ihnen alt werden und sterben!

Die akuten, schnellen Gedanken kommen und gehen wie der Wind:

- Mein Mann sieht heute schlecht aus.
- Meine Arbeit macht mir gerade keinen Spaß.
- Das Telefon nervt.
- Ich freue mich nachher auf das Fußballspiel.
- Ich muss gleich noch den Flug für morgen buchen.
- Furchtbares Wetter heute.
- Das Auto klappert unten am Sitz.
- Tolle Frau da drüben an der Ampel.
- Ich muss nachher unbedingt noch in die Reinigung ...

Die akuten Gedanken sind die Gedanken, die uns so nebenbei beschäftigen. Wir nehmen sie oftmals nur unbewusst wahr. Wir können die akuten Gedanken für uns als positiv oder negativ bewerten, je nach persönlicher Stimmung und Prägung.

Durch SFM werden Sie lernen, sich von beiden Gedankenarten immer mehr zu distanzieren.

Sie identifizieren sich nicht mehr mit ihnen.

Sie hören noch zu, glauben aber nicht mehr daran.

Das hat nichts mit Meditation zu tun.

Sie geben lediglich Ihrem Verstand seine Aufgaben zurück, für die er ursprünglich gemacht wurde, und machen sich dadurch von ihm frei.

Sie unterbrechen Ihre Gedanken. Sie halten das Gedankenkarussell an. Sie steigen aus.

Unser Denken ist sehr oft negativ und macht uns Angst.

Wir verschleudern eine Menge Lebensenergie.

Diese können wir viel effektiver nutzen.

Mit SFM lernen Sie, dass Sie die Möglichkeit haben, aus Ihrer Denk-Sucht herauszukommen. Sie können immer wählen.

Sie können die Zwanghaftigkeit Ihres Denkens ablegen. Die Möglichkeit, wählen zu dürfen, fühlt sich gut an.

Immer öfter werden Sie gedankenlose Zustände mit sich erleben. Sie werden es genießen. Sie werden eine neue Kraft in sich spüren. Sie werden eine neue Inspiration kennen und lieben lernen. Sie werden ganzheitlich erfolgreich leben. Das heißt, Sie koordinieren Beruf und Privatleben in Einklang, finden Ihre innere Balance und verlassen dadurch Ihren Sklavenkerker, in dem Sie bisher gefangen waren.

Wenn Sie sich von der Sucht, denken zu müssen, heilen, dann spüren Sie Frieden in sich. Die Unruhe und die Leere in Ihnen lassen nach und verschwinden schließlich ganz.

Sie müssen Ihren Selbstwert nicht mehr aus Ihrem Verstand heraus definieren.

Das Ego möchte Sie nicht loslassen. Es möchte Ihre Vergangenheit am Leben erhalten.

Und es klammert an der Zukunft. Ständig sagt die Stimme in Ihnen:

- Später möchte ich ...
- In ein paar Jahren werde ich ...
- Vor einigen Jahren war alles besser ...
- Als ich in der Ausbildung war ...
- Wenn ich geschieden bin, werde ich ...
- Wenn ich Kinder habe, möchte ich ...
- Wenn die Kinder aus dem Haus sind, werde ich ...

Beenden Sie dieses Stadium, erheben Sie sich über Ihre Gedanken!
Verlassen Sie die Begrenztheit Ihres Verstandes!

Erkennen Sie, dass all Ihre Gefühle durch Ihre Gedanken entstehen.

Haben Sie sich schon einmal dabei beobachtet, wie Ihre Gefühle entstehen?

Wie ist das, wenn Sie morgens aufwachen?
Erst liegen Sie ruhig da, dann hören Sie schon die ersten Gedanken und je nachdem, was Sie denken, spüren Sie für Sie angenehme oder unangenehme Gefühle.

Denken Sie zum Beispiel an Ihren nervigen Kollegen, der vom Chef immer gelobt wird, dann spüren Sie vielleicht einen Groll oder sogar Wut in der Magengegend.

Denken Sie jedoch an die letzte gemeinsame Nacht mit Ihrer geliebten Freundin, erinnern sich an ihren Geruch und hören im Geiste ihre zärtliche Stimme, dann fühlen Sie eine schöne Erregung, eine angenehme Wärme.

Sie sehen also, Ihre Gedanken erschaffen Ihre Gefühle.
   Erst kommt der Gedanke und daraufhin reagiert Ihr Körper mit einem Gefühl.

Wir können demnach sagen, dass Ihre Gefühle die Antworten Ihres Körpers auf die Ego-Gedanken Ihres Verstandes sind.

Je nach Intension der jeweiligen Gedanken können die Gefühle schwach oder auch fordernd, schmerzhaft oder im schlimmsten Fall krank machend und destruktiv sein.

Denken Sie zum Beispiel an Ihren Chef, den Sie absolut nicht ausstehen können, wünschen Sie sich, dass er augenblicklich aus Ihrem Leben verschwindet, dann schaltet Ihr Körper auf Angriff, schüttet Adrenalin aus, erhöht Ihren Puls und Blutdruck. Ihr Blut kommt in Wallung.

Emotionen sind also so machtvoll, dass sie Ihren gesamten Stoffwechsel, Ihre Hormonproduktion und Ihr biochemisches Gleichgewicht empfindlich stören können.

Emotionen, die über Jahre in „falsche" Kanäle gelenkt werden, wie zum Beispiel Wut, die ausschließlich nach innen geht, können uns krank machen.
   Der epidemische Anstieg von Depressionen zeigt uns deutlich, dass die meisten von uns zuerst unter ihren Gedanken und genauso unter ihren Gefühlen leiden.
   Stellen Sie sich also vor, wie machtvoll Ihre Gedanken, Ihr Ego-Verstand sind! Haben Sie sich das schon jemals bewusst gemacht?

Wir denken jede Sekunde, ohne zu ahnen, was diese Gedanken mit uns machen und was sie in uns anrichten.

Beginnen Sie also bitte, intensiv in Ihren Körper hineinzuspüren – intensiv zu fühlen.

Fragen Sie sich immer wieder:

- **Wie fühle ich mich jetzt?**
- **Wie kann ich das Gefühl, das gerade in mir ist, beschreiben?**
- **Fühlt sich das Gefühl angenehm oder unangenehm an?**
- **Kann ich das Gefühl genießen oder ist es für mich bedrohlich?**

Ihre Gefühle lügen niemals! Vertrauen Sie immer Ihren Gefühlen! Liebe Männer, ich weiß, das klingt hart, es ist jedoch so, dass Gedanken uns etwas vormachen, eine Situation verzerren können. Unsere Gefühle liegen jedoch immer richtig.
Lernen Sie bitte, Ihren Gefühlen zu vertrauen.
Ihre Gefühle sind der Spiegel Ihres Körpers.

Vertrauen Sie Ihrem Körper und Ihren Gefühlen, bitte nicht Ihrem Verstand.

Ich bin gespannt, wie Sie mit dieser Nachricht umgehen werden.

Ich möchte es an einem Beispiel noch einmal verdeutlichen:

Eine neue Kollegin wird Ihnen vorgestellt, man begrüßt sich gegenseitig, lächelt und ist höflich. Ihr Chef macht kleine Witzchen, erzählt Anekdoten aus der Firma und anscheinend ist alles gut.
Sie spüren jedoch eine unangenehme Anspannung in Ihrem Bauch, Sie fühlen sich nicht wohl. Alles wirkt auf Sie künstlich und inszeniert. Die Situation wirkt auf Sie nicht authentisch. Sie fühlen, dass Ihnen etwas vorgespielt wird.

Ihr Verstand wird sofort eingreifen und Ihnen vermitteln, dass Ihr Chef heute wirklich gut drauf ist. Die neue Kollegin wird Ihnen von Ihrem Verstand als offen, sympathisch und fröhlich verkauft.

Ihr Ego möchte, dass Sie funktionieren.

Ihr Ego möchte, dass Sie die Dinge so wahrnehmen und sehen, wie es für die jeweilige Situation am besten wäre. Ihr Ego manipuliert Sie und setzt sich über Ihre Gefühle hinweg.

Wir alle haben diesen Zustand in uns schon einmal erlebt. Wir sagen dann: Kopf kämpft gegen Bauch.

Ich finde den Begriff Kampf hier etwas übertrieben. Es ist jedoch schon so, dass wir in einen Konflikt mit uns selbst verstrickt sind.

Ihre Gefühle werden Ihnen immer die Wahrheit sagen. Erlauben Sie daher Ihren Gefühlen einfach da zu sein.

Sie sollten Ihre Gefühle nicht beurteilen oder kommentieren. Lassen Sie sie einfach zu.

Beobachten Sie Ihre Gefühle, was sie mit Ihnen machen.

Das ist nicht immer leicht. Besonders bei für uns schmerzhaften Gefühlen, wie Wut, Trauer oder großem Schmerz, neigen wir dazu, diese Gefühle wegmachen zu wollen und uns somit vor Ihnen zu schützen.

Dies ist sinnlos. Gefühle sind da und wenn sie da sind, dann sollten wir sie annehmen.

Machen Sie sich immer wieder klar, dass Sie weder Ihre Gedanken noch Ihre Gefühle SIND.

Sie sind lediglich derjenige, der diesem Gedanken-Gefühls-Spiel zuschaut. Sie sollten sich als den begreifen, der außerhalb steht.

Die meisten Menschen sind so verwirrt, von Ihren Gedanken und Gefühlen beherrscht, dass sie selbst denken, dies wäre ihre Identität.

Doch wir sind niemals die Emotion oder der Gedanke.

Wir erleben eine Emotion in uns.
Wir hören einen Gedanken in unserem Kopf.
Doch wir sind weder die Emotion noch der Gedanke!

Daher ist es besonders wichtig, dass Sie immer mit sich in Kontakt bleiben.

Spüren Sie die Energie, die eine Emotion in Ihnen auslöst. Spüren Sie die Reaktion Ihres Körpers auf einen Gedanken ganz bewusst.

Spüren Sie, wie Ihr Herz rast, wie Sie feuchte Hände bekommen oder wie es in Ihren Ohren dröhnt.

Beobachten Sie das alles interessiert, immer mit dem Bewusstsein, dass Sie das nicht wirklich sind – es sind Ihre Emotionen.

Jetzt wird es für uns verständlicher, dass wir erst dann dazu in der Lage sein werden, in Ruhe und in Frieden mit uns zu leben, wenn wir in Kontakt mit unseren Gedanken und demnach auch mit den körperlichen Reaktionen darauf, unseren Gefühlen, sind.

Ich habe sehr gute Erfahrungen in meinen Coachings mit einer „Gedanken-Checkliste" gemacht.

Um den Kontakt zu sich selbst so wenig wie möglich auch während der Arbeit oder in Gesprächen abreißen zu lassen, sollten Sie immer einen kleinen Zettel bei sich tragen.

So können Sie immer mal wieder einen Blick darauf werfen und feststellen, ob Sie sich selbst schon wieder verlassen haben.

Sie werden am Anfang überrascht sein, wie geschickt Ihr Ego ist. Manchmal vollkommen unbemerkt wird es wieder Besitz von Ihnen ergreifen.

Durch Ihren kleinen Zettel in der Hosentasche können Sie sich jedoch immer wieder zu sich selbst zurückholen.

Ob Sie es glauben oder nicht, wir müssen wie bei einer neuen Sportart permanent im Training bleiben.

Kontakt zu uns selbst herzustellen und auch aufrechtzuerhalten ist reine Trainingssache.

Leider wurde uns das in unserer Kindheit abtrainiert. Und heute tun wir uns manchmal sehr schwer, wieder dahin zurückzukommen.

Schreiben Sie bitte auf Ihren Zettel die folgenden Sätze:

• Niemand kann mich verletzen oder provozieren. Es sind immer meine Gedanken, die den Schmerz in mir auslösen.

• Ich bin nicht mehr Sklave meiner Gedanken! Ich bin frei!

• Ich nehme meine Gedanken und Gefühle an.
  Ich beurteile und bewerte sie nicht.
  Meine Gedanken und Gefühle sind so, wie sie sind.

• Wie fühle ich mich, wenn ich gerade diesen Gedanken denke?

• Welche Körperreaktion löst dieses Gefühl in mir aus? (Verkrampfung, Kopfschmerzen, Magenschmerzen, Schwindel, Schwitzen)

Sie werden spüren, wie wunderbar es ist, wenn Sie es mit ein wenig Training hinbekommen, auch während eines Gesprächs oder in einem Geschäftsmeeting den Kontakt zu sich selbst nicht mehr abbrechen zu müssen.

Spüren Sie, wie Ihr Körper auf verschiedene Menschen reagiert, welche Gedanken Ihnen, während Sie mit jemandem reden, durch Ihren Kopf schießen.

Es macht sogar richtig Spaß, wenn Sie die innere Rückmeldung Ihres Körpers mit der äußeren Realität vergleichen.

Irgendwann werden Sie es sogar vermissen, wenn Sie den Kontakt zu sich selbst abbrechen.

Es wird für Sie immer „normaler", mit Ihren Gedanken und Gefühlen in direktem Kontakt zu sein und es auch dauerhaft zu bleiben – immer mit dem Bewusstsein, dass Sie diese Gedanken und Gefühle zwar wahrnehmen und beobachten, Sie jedoch niemals diese Gefühle und Gedanken sind!

Kapitel 10:
Das Glück und die Liebe – Liebesglück?

Ein Paradoxon von uns Menschen möchte ich unbedingt erwähnen: die Liebe.

Ist es nicht herrlich, wenn wir uns verlieben?

Sie kennen diesen berauschenden Hormonmix, der uns Flügel verleiht. Die berühmten Schmetterlinge im Bauch …

Und haben Sie auch schon schmerzhaft erleben müssen, dass irgendwann der berühmte Absturz kommt?

Dass Sie sich von diesem „geliebten" Menschen innerlich und auch äußerlich wieder entfernen, weil Ihnen verschiedene Verhaltensweisen, Sichtweisen und Äußerlichkeiten vielleicht nicht mehr wie am Anfang ihrer „Verliebtheit" gefallen?

Haben Sie sich auch schon gefragt, wie es sein kann, dass so genannte LIEBE in Ablehnung, Gleichgültigkeit, Ignoranz oder im schlimmsten Fall sogar in Hass umschlagen kann?

Was ist LIEBE?

Wenn Sie sich in unserer Gesellschaft aufmerksam umsehen, dann werden Sie schnell erkennen, dass die meisten Menschen niemals lieben.

Vielmehr ist es ein Suchen nach Anerkennung.

Viele Leute sind der Meinung, wenn sie sich entsprechend verhalten, einen bestimmten Status oder ein entsprechendes Äußeres erreicht haben, dann werden sie von anderen Menschen „geliebt".

Die „Verliebten" beginnen normalerweise nach dem ersten Höhenflug, während dem sie noch berauscht und verständnisvoll miteinander umgegangen sind, die ersten Forderungen an ihren Partner zu stellen:

- Komm nicht so spät nach Hause.
- Geh nicht so oft mit deinen Freunden weg.
- Zieh den alten Pullover nicht mehr an.
- Räum deine Hosen auf.
- Geh mal wieder zum Friseur.
- Nimm mich mit zu deinen Hobbys.
- Telefoniere nicht so lange mit deiner Freundin.
- Nerv mich nicht mit deinen ständigen Fragen ...

Wir alle wissen, dass wir diese Aufzählung unendlich fortsetzen könnten.

Wie wir es als Kinder gelernt haben, stellt auch hier unsere „Liebe" Bedingungen. Wir wollen etwas vom anderen.
Er soll sich so verhalten und genau die Dinge tun, die wir von ihm oder ihr erwarten, schließlich liebt er oder sie uns ja.

Es gibt in nahezu jeder Partnerschaft ungeschriebene Gesetze, an die sich jeder zu halten hat – Hidden Rules für das tägliche Miteinander:
Was der Partner tun oder lassen, wie er sich verhalten, wie er mit uns umgehen soll, usw. ...

Hat man gegen ein Agreement oder Gesetz verstoßen, kann man das sehr leicht an der Reaktion des Partners ablesen:
Am Grad des Beleidigtseins, an der Wut, am Schimpfen und am Meckern, am Sich-Zurückziehen.

Wir „lieben" und sind der Meinung, unser Partner müsste, wenn er uns doch auch lieben würde, das tun, was wir wollen und was uns wichtig ist.
„Geh doch am Sonntag bitte mir zuliebe mit zu meinen Eltern ..."
Mir zuliebe!

Oder:

„Wenn du mich liebst, dann triffst du dich nur noch einmal in der Woche mit deinen Freunden" ... Wenn du mich liebst!

Oder:

„Du liebst mich gar nicht mehr so sehr, wie früher – du machst mir nur noch selten Komplimente."

Liebe bedeutet für die meisten von uns, dass wir unsere Partner dressieren und in unsere Spur bringen wollen.

Wir wollen von ihnen die Anerkennung, die wir nötig brauchen. Dann sind wir auch bereit, „Liebe" zu geben.
Und der Partner soll sich nach unseren Wünschen richten, wenn er uns liebt, und soll uns so seine Liebe beweisen.

Liebe – ein Tauschgeschäft!

Das gleiche Verhalten wie in unserer Kindheit.

Wir brauchten als Kinder die Anerkennung und Liebe unserer Bezugspersonen, um zu überleben.
Und wenn wir uns so verhielten, wie die Erwachsenen es von uns wollten und verlangten, dann wurden wir auch „geliebt".

Bitte erkennen Sie, dass so ein Verhalten mit Liebe absolut überhaupt nichts zu tun hat!!!

Es ist reine Manipulation! Niemals Liebe!

Liebe will niemals irgendetwas. Liebe muss nicht „bewiesen" werden.
Sie dürfen Ihren Partner lieben. Und Ihr Partner darf weiterhin seine

eigenen Entscheidungen treffen. Er darf weiterhin die Dinge wollen, die er will.

Und Sie dürfen das auch.

Er darf arbeiten, wie er will, seine Freunde treffen, wann er will, und allein zu Hause bleiben, wenn Sie in der Zwischenzeit am Sonntag Ihre Eltern besuchen.

Verzichten Sie auf solche kindlichen „Liebesbeweise".

Suchen Sie niemals bei Ihrem Partner nach Anerkennung!
Liebe nimmt den anderen an, so wie er ist.
Liebe möchte keinen verbiegen. Liebe möchte nichts verändern.

Achten Sie jedoch darauf, dass Sie immer eine ehrliche, sachliche und offene Kommunikation pflegen. Spielen Sie keine Spielchen!

Bringen Sie die Probleme und Meinungsverschiedenheiten gleich am Anfang, wenn sie am Entstehen sind, offen auf den Tisch. Kehren Sie nichts unter den Teppich, so nach dem Motto, wenn wir das Problem nicht sehen, dann ist es auch nicht da.

Sagen Sie es, wenn Ihnen etwas nicht gefällt.
Nehmen Sie Ihre Gefühle wahr! Hören Sie immer wieder in sich hinein!
Wann ärgern Sie sich? Wann freuen Sie sich?

Sprechen Sie auftretende Konflikte sofort an!
Machen Sie es sich nicht zum Ziel, irgendeinen Pseudo-Frieden aufrechterhalten zu wollen – und schon gar nicht „wegen der Kinder"!
Kinder sind nämlich die Ersten, die eine angespannte Stimmung und atmophärische Störungen erfassen und fühlen.
Sie können sich selbst etwas vormachen – Ihren Kindern niemals!

Wir verursachen durch unsere egoistischen Verhaltensweisen und unsere lieblosen Erziehungsmaßnahmen in unseren Partnerschaften unvorstellbar viel Leid und Schmerz.

Größtenteils natürlich unbewusst, denn wir haben es niemals anders gelernt.

Unsere ungeschriebenen AGBs der Liebe werden von uns sofort verbissen verteidigt, wenn sich der andere nicht daran hält.

So kommt es, dass Ehen und Partnerschaften oft mehr einer Wettkampfarena oder noch schlimmer einem Kriegsschauplatz gleichen statt einem geborgenen Zuhause.

Wir lernen dann im Laufe der Zeit einen Menschen kennen, in den wir uns damals weiß Gott nicht verliebt haben.

Dabei trägt niemals nur einer die „Schuld" an der Misere. Schauen Sie immer auch Ihren Anteil an, der zu Konflikten beigetragen hat.

In meinen Coachings begegnen mir immer wieder „Liebesforderungen". Bitte überlegen Sie sich, was das mit Liebe zu tun haben soll:

- Mein Mann kann mich nicht glücklich machen.
- Mein Mann spricht nicht mit mir.
- Meine Frau macht mir nur Vorwürfe.
- Mein Mann tut nichts für unsere Beziehung.
- Meine Frau ist immer so kompliziert.
- Mein Mann hat nur seine Arbeit im Kopf.
- Mein Mann möchte jeden Tag Sex.
- Mein Mann unternimmt nichts mit mir.
- Meine Frau kann mir ihre Liebe nicht zeigen.
- Meine Frau hat kein Verständnis für meine Arbeit.
- Mein Mann soll mich nicht verlassen.
- Meine Frau sollte die Kinder anders erziehen.
- Meine Exfrau erpresst mich.

- Mein Mann ist immer so müde und lässt mich
  alles allein entscheiden.

Kernaussage all dieser Meinungen ist, dass andere Menschen nicht so sind, wie wir sie haben wollen.

Daher können wir sie auch nicht lieben.

Wir sehen die Hauptaufgabe in der Liebe darin, andere zu manipulieren und zu verändern.

Niemals sind jedoch andere an unserem Elend schuld.

Weder unsere Partner, noch unsere Kinder, noch unsere Eltern haben die Macht, uns zu verletzen.

Lediglich IHR Denken ruft IHRE Reaktion hervor. Sie projizieren ständig!

Immer sind wir dabei, etwas von anderen zu wollen, weil wir fest davon überzeugt sind, genau das jetzt zu brauchen.

Wer sagt Ihnen, dass es so ist?

Was brauchen Sie denn genau?

Für ein neues Liebes-Bewusstsein sollten Sie damit beginnen, zu akzeptieren, dass Ihr Partner immer genau das tun wird, was er aus seiner Sicht tun muss und will, und damit immer Ihr bester Lehrer ist.

Jedes Mal, wenn Sie einen Unmut in sich spüren, wenn Sie zornig werden, sind Sie durch Ihren Partner zu einem Punkt in Ihrem Inneren hingeführt worden, an dem Sie noch arbeiten sollten. Hier steckt noch eine unverarbeitete innere Wunde, eine Blockade, ein Widerstand.

Sie müssen in solchen Situationen jedoch nicht anfangen, verzweifelt in Ihrer Vergangenheit zu forschen, um herauszufinden, was es denn nun genau war, das Sie zu diesem heutigen Verhalten veranlasst hat – es genügt, wenn Sie jetzt Ihrem Partner verzeihen und ihn so lassen können, wie er ist.

Das ist zugegebenermaßen schwer. Manchmal fast nicht machbar.

Doch es wird immer IHRE Aufgabe bleiben, die Sie nicht auf Ihren Partner abwälzen können, nur weil Sie HEUTE mit der Aufgabe überfordert sind.

Sie brauchen nichts, rein gar nichts von Ihrem Partner.

Liebe fordert niemals etwas ein. Liebe lässt immer los. Niemals ist Liebe ein Gefängnis, zu dem wir sie leider oft machen.

Wir müssen Liebe niemals suchen. Sie ist immer in uns, auch wenn wir sie meistens nicht spüren oder wahrnehmen und daher meinen, andere müssten sie uns geben.

Liebe stellt keine Bedingungen.

Unsere Partner konfrontieren uns lediglich mit uns selbst und unseren Wunden. Das ist uns unangenehm und tut auch manchmal sehr weh, weil unverarbeitete Dinge in uns angestoßen werden.

In unserer Hilflosigkeit und Wut geben wir unserem Partner die Schuld, der durch sein unmögliches, liebloses Verhalten uns weh getan und verletzt hat. Wir projizieren unseren unangenehmen Schmerz auf unseren Partner.

Wir sehen in unserem Partner die Ursache für unser Leid und unser Unglück.

Wir machen unseren Partner zum Sündenbock und dem Urheber unseres schlechten Zustands.

Ihr Partner hat alles richtig gemacht. Er hat alles so gemacht, wie es für IHN gut ist.

Ihr Partner kann Sie nicht verletzen.

Nur Sie selbst können sich mit Ihren Gedanken verletzen.

Erinnern Sie sich noch: Ihre Gedanken lösen Ihre Gefühle aus!

Wenn Sie nun wütend auf Ihren Partner sind, weil er etwas „Falsches" gesagt oder getan hat, dann entspringt diese Überzeugung lediglich Ihren Gedanken.

Sie sind wütend auf Ihren Partner, weil Sie an Ihre Phantasiegeschichte glauben, die Ihnen Ihr Ego-Denken in Ihr Gehirn geblasen hat.

Schwer zu verstehen?

Tja, wir wurden vollkommen verdreht erzogen!

Unsere Partner müssen „aus Liebe" niemals das tun, was sie unserer Meinung nach tun sollen.

Unsere Partner dürfen immer ihre eigenen Entscheidungen treffen.

Ob wir damit einverstanden sind oder nicht.

Sie müssen Ihren Standpunkt nicht verteidigen und Ihr Partner muss es auch nicht.

Sie müssen keine Abwehrgeschütze auffahren und Ihr Partner muss es auch nicht.

Halten Sie sich aus den Angelegenheiten des anderen raus! Achten Sie auf Ihre eigenen Gedanken und Gefühle!

Wenn Sie ständig damit beschäftigt sind, über den anderen zu grübeln, werden Sie den Kontakt zu sich selbst nicht aufrechterhalten können. Sie werden sich wieder selbst verlieren – und unglücklich sein.

Wollen Sie das?

Sie müssen sich Liebe weder verdienen, noch erkämpfen, noch durch Ihr Verhalten oder Aussehen erschleichen.

All das macht Sie nur traurig und schmerzt.

Sie brauchen weder Bestätigung noch Anerkennung. Sie müssen nicht aus Berechnung und Kalkül „lieben".

Alles, was Sie brauchen, ist in Ihnen im Überfluss vorhanden.

Leider setzen wir jeden Tag unsere Ego-Maske auf. Unsere Erziehung hat uns über Jahre eingeredet, dass wir so, wie wir sind, nicht gut genug sind.

Und das zeigen wir in der Liebe.

Wir meinen immer, so, wie wir sind, kann sich doch sowieso keiner in uns verlieben – reine Minderwertigkeit!

Wir verursachen durch unsere Ego-Gedanken schmerzhaften Stress in uns.

Wir sehen uns sehr oft als Opfer der Liebe und unserer Partner.

Wir fühlen uns bedürftig und das macht uns Angst. Und dennoch suchen wir nach Geborgenheit, Nähe und Vertrautheit.

Viele Menschen vermeiden aus diesem Grund Nähe und fürchten sich vor intimen Beziehungen.

Sie meinen, sich dann selbst aufgeben zu müssen.

Viele Menschen ergreifen die Flucht und rennen davon, wenn sich jemand ehrlich für sie interessiert.

Affären, One-Night-Stands, Sexbeziehungen sind leichter zu handeln – scheinbar.

Vielleicht, weil die Menschen davon überzeugt sind, dass man hier den Absprung leichter schaffen kann?

Das wahre Problem sind immer unsere eigenen Gedanken! Unsere Phantasiegeschichten, die wir als die Wahrheit ansehen und felsenfest als „richtig" erachten.

Wir kritisieren das Aussehen, das Verhalten und das Benehmen unserer Partner. Wir wollen ihnen beibringen, wie man sich „richtig" verhält. Wir wollen Ihnen sagen, wie sie mehr aus sich machen können.

Es ist entsetzlich, dass wir diese Haltung auch noch als „Liebe" verkaufen.

Beobachten Sie sich! Sie fangen erst dann an zu lieben, wenn Sie vom anderen KEINERLEI GEGENLEISTUNG erwarten!

Lieben Sie Ihren Partner, lächeln Sie, wenn Sie wieder einen Verbesserungsvorschlag für Ihn auf den Lippen haben, wenn Sie sich wieder in seine Dinge einmischen und ungefragt Ratschläge erteilen wollen, um die Sie keiner gebeten hat.

Hören Sie auf damit, dem anderen Ihre Emotionen und Gedanken aufzwingen zu wollen. Es ist IHR Verteidigungsmechanismus und hat mit Liebe nichts zu tun.

Sie trennen sich von Ihrem Partner, wenn Sie Bedingungen stellen.
    Sie haben genau den Partner, von dem Sie lernen können – nehmen Sie die Herausforderung an und bleiben Sie mit sich selbst immer in Kontakt.

Wir meinen immer, es wäre die Aufgabe unserer Partner, unsere Bedürfnisse zu erfüllen. Warum?
    Was brauchen Sie denn in Wahrheit?
    Ist das, was Sie zu brauchen glauben, wirklich das, was Sie brauchen?

Oder spielen Ihnen Ihre Gedanken schon wieder einen Streich? Kann es vielleicht sein, dass Ihr Ego schon wieder dabei ist, Sie zu manipulieren?
    Seien Sie wachsam! Das, was Sie brauchen, haben Sie! Und das, was Sie nicht brauchen, haben Sie nicht!
    Das ist die Wahrheit! Ganz einfach!

Ihr Partner ist kein dressierter Hund. Warum lehnen Sie ihn ab, wenn er nicht das macht, was Sie gerne möchten?
    Warum werden Sie wütend?

Ihre Pläne und die äußere Realität müssen nicht übereinstimmen. Woher nehmen Sie sich das Recht, das zu glauben?

Je mehr Sie daran glauben, Sie könnten die Dinge oder auch Menschen kontrollieren, desto mehr wird in Ihrem Leben „schieflaufen", also von Ihren Plänen abweichen.

So befinden Sie sich in einem ständigen Kampf gegen das Leben und sich selbst.

Das kostet maßlos Energie. Sie powern sich aus, ohne etwas zu erreichen.

Sie sperren sich gegen Ihren Partner und das Leben.

So können Sie niemals glücklich sein, egal, wen Sie an Ihrer Seite haben!

Warum können Sie nicht mit dem Leben im Fluss bleiben, die Dinge geschehen lassen?

Können Sie wissen, was alles noch passieren wird? Ja? Sind Sie ein Prophet?

Warum gehen Sie nicht einfach davon aus, dass das Leben es gut mit Ihnen meint und Ihnen die Dinge und Menschen präsentiert, die Sie für Ihre persönlichen Lebensaufgaben brauchen?

Lassen Sie Ihren Partner so, wie er ist. Sprechen Sie die Dinge offen an, die Sie bewegen. Und wenn es am Ende wirklich keine Lösung für Sie gibt, dann trennen Sie sich in Liebe – ohne Zorn, ohne Wut, ohne Vorwürfe und vor allem ohne Hass.

Wir haben immer die Wahl: Wir können bleiben oder gehen. Wir können wachsen oder leiden. Wir können unglücklich oder glücklich sein.

Es liegt bei Ihnen – Sie treffen in jeder Sekunde Ihre Entscheidung.

Wir sind frustriert, weil wir die Antworten auf unsere Fragen bei unserem Partner nicht finden. Wir finden die Antworten immer in uns, sonst nirgends.

Wir kritisieren und verletzen, wir streiten und wollen recht haben, wir jammern und schreien, wir schweigen und ignorieren – ohne uns darüber im Klaren zu sein, dass uns der andere keine Lösung anbieten kann.

Es ist niemals die Aufgabe Ihres Partners, Sie zu verstehen – es ist immer Ihre!

Achten Sie darauf, wenn Ihr Partner beginnt SEINE Gedanken und Gefühle auf Sie zu übertragen – er projiziert, genau wie Sie.

Auch er wird versuchen, wenn er noch unbewusst ist – und das sind die meisten –, seine noch unverarbeiteten seelischen Wunden auf Sie zu übertragen.

Doch auch Sie sind nicht dazu da, seine Probleme zu lösen.

Bleiben Sie miteinander im Gespräch. Stellen Sie keine Forderungen.

Niemals sind Sie die Ursache für das Leiden und den Schmerz Ihres Partners, auch wenn es für ihn scheinbar so aussieht.

Auch er weiß es nicht besser, auch er wurde so erzogen!

Entscheiden Sie sich immer für die Liebe!

Liebe möchte nichts verändern.

Sie müssen nicht um Liebe betteln, Sie haben alles, was Sie brauchen.

Schmerz und Leid sind immer ein Zeichen, dass Sie an Ihre Phantasiegeschichte glauben.

Bleiben Sie immer mit sich selbst in Kontakt.

Sie dürfen Ihren Partner gehen lassen, wenn Sie spüren, dass es keinen gemeinsamen Weg mehr gibt. Sie dürfen ihn weiterhin lieben und Sie dürfen ihm alles Gute wünschen.

Liebe stellt keine Bedingungen.

Sehen Sie Ihre Partnerschaften als Herausforderung für Ihre geistige Entwicklung.

Danken Sie jedem Ihrer Partner, dass er Sie auf Ihrem Lebensweg vorangebracht hat.

Sie werden es spüren, wenn eine Beziehung zu Ende ist. Und wenn sie noch nicht zu Ende ist, werden Sie dabeibleiben weiter lernen.

Es gibt auch hier kein richtig und falsch. Alles ist gut, weil es die Wahrheit ist.

Nehmen Sie Ihre Partner und Ihre Beziehungen von ganzem Herzen an.

Wachsen Sie daran! Bleiben Sie im Fluss Ihres Lebens und lernen Sie jeden Tag etwas Neues dazu.

Denn in Ihren Liebesbeziehungen lernen Sie sich selbst am besten kennen.

Kapitel 11:
Der Lebenskünstler erwacht in Ihnen!
Ihr Weg zum Glück ist frei!

Sehnen wir uns nicht alle heimlich danach, Lebenskünstler zu sein?

Unser Leben mit einer gewissen Leichtigkeit und Präsenz führen zu dürfen?

Die Dinge mit Humor zu sehen und nicht so verkrampft und verbissen durchs Leben zu gehen?

Ein Lebenskünstler zu sein ist einfacher, als wir denken.

Dabei müssen Sie gar nicht wie ein Hippie mit der Gitarre unterm Arm durch die Welt tingeln und mit Ihrer Harley Davidson die Route 66 unsicher machen.

Wenn ich von einem Lebenskünstler spreche, dann meine ich uns alle.

Wir alle haben das Recht, Lebenskünstler sein zu dürfen.

Warum müssen wir uns jeden Tag quälen und schinden? Warum stehen wir pausenlos unter Druck? Warum verausgaben wir uns und gönnen uns keine Ruhe?

Warum vergeht uns oft die Lust am Leben und wir könnten alles nur noch hinschmeißen und verschwinden?

Wir alle müssen irgendwann sterben. Doch warum gelingt es nur so wenigen, heute hier glücklich zu leben?

Warum sind wir geprägt von Angst und Gier, von einem wahnhaften Perfektionismus und einem destruktiven Pflichtbewusstsein?

Warum fällt es uns so schwer, uns auf den jetzigen Moment zu konzentrieren?

Jeder von uns muss Verantwortung für sein Leben übernehmen. Jeder von uns muss sich irgendwann die Frage stellen:

Bleibe ich weiterhin ein Leistungssklave oder werde ich ein Lebenskünstler?

Müssen wir wirklich immer der Klügste, der Beste, der Erfolgreichste sein? Warum? Sind wir dann auch wirklich zwangsläufig der Glücklichste?
    Vergeuden wir nicht alle wertvolle Lebenszeit und Engergie?
    Leben wir nicht ein Leben voller Verwirrung, Schmerz und Leid?

Viele von uns machen sich ständig Gedanken, wie sie noch mehr erreichen, wie sie noch mehr Geld verdienen und wie sie ihren Wohlstand sichern könnten, und kommen dabei überhaupt nicht voran.

Es kommt nicht auf die Art und Weise an, wie Sie Ihr persönliches Glück finden.
    Entscheidend ist allein Ihr Bedürfnis, dass Sie Ihr Leid beenden und Ihr Glück finden wollen.
    Dass Sie wirklich Ihren eigenen Weg gehen wollen.
    Auf der Reise zu uns selbst erkennen wir, dass es keine „richtigen" und „falschen" Wege gibt.
    Alles Vergleichen mit anderen nützt nichts.
    Jeder von uns geht seinen EIGENEN Weg und bekommt in diesem Leben seine EIGENEN Aufgaben und Herausforderungen, als Chance, sich weiterzuentwickeln oder auch stehenzubleiben.

Leistung ist dann SINN-voll, also voller Sinn, wenn ...
* sie aus unserem tiefen Inneren entspringt
* wir wirklich etwas leisten wollen
* wir sie mit Freude, Begeisterung, Mut und Leidenschaft ausführen
* wir an unserem Leisten Interesse haben
* wir von unserem Tun wirklich überzeugt sind.
* die Motivation aus uns selbst herauskommt
* wir im Flow sind, im Fluss mit uns und unserem Leben

    ... dann wachsen wir über uns selbst hinaus, dann scheinen unsere

Kräfte endlos zu sein, dann wollen wir immer weiter, immer mehr, aber nicht aus Habgier oder Unersättlichkeit, sondern aus der Lust heraus, etwas zu erschaffen, zu entwerfen.

Wenn wir diesen herrlichen positiven Stress in uns spüren, der wie Doping ist, der uns anspornt, auch neue, unbekannte Wege auszuprobieren, wenn Geld nicht unser Antrieb ist, sondern die Liebe, die Begeisterung und die Freude an der Leistung, dann wird unser Leben erfüllt und sinnvoll sein.

Dann werden wir einen Reichtum besitzen, den uns keiner mehr wegnehmen kann.

Dann werden wir bei uns angekommen sein. Wir werden mit offenen Händen geben und mit offenen Armen empfangen.

Wir unterscheiden dann nicht mehr zwischen „Wir" und „die anderen". Das Glück und die Zufriedenheit der anderen liegen uns dann genauso am Herzen wie unser eigenes Glück.

Dann werden wir gerne leisten – ohne von anderen etwas zu fordern.

Wir haben in dem Moment alles und können nichts mehr verlieren.

Wir können weinen und trauern, Schmerz und Leid überstehen, weil wir gelernt haben, dass alles vorbeigeht.

Wir haben keine Erwartungen mehr an andere. Wir verlassen uns auf uns selbst.

Wir haben immer uns und unsere Talente.

Und doch leben wir in tiefen, wertvollen Beziehungen zu Menschen, die wir nicht verändern wollen.

Wir sind zum Lebenskünstler geworden und nie mehr wollen wir ein Leistungssklave sein.

Nie mehr!

Ihr persönliches Handbuch zum Lebenskünstler

1. Der Lebenskünstler lebt sein eigenes Leben – und lässt andere ihr Leben leben.

Wie Sie wissen, können Sie eine Menge Frieden, Ruhe und Gelassenheit ausstrahlen, wenn Sie sich in erster Linie um Ihre eigenen Gedanken, Gefühle und Angelegenheiten kümmern.

Fragen Sie sich daher immer wieder:

„Um wessen Dinge kümmere ich mich gerade?"

Bitte verwechseln Sie dies nicht mit Egoismus!

Als Lebenskünstler beobachten Sie andere mit großem Interesse. Sie sind jedoch davon überzeugt, dass jeder die Fähigkeit in sich trägt, das Beste aus seinem Leben zu machen.

Daher halten Sie sich mit Ratschlägen und Einmischungen zurück.

Ob im Beruf oder im Privatleben, Sie werden überrascht sein, wie viele Streits und Konflikte sich dadurch vermeiden lassen!

2. Der Lebenskünstler ist anderen und sich selbst gegenüber tolerant. Er lässt sich nicht provozieren.

Toleranz ist eine wunderbare Eigenschaft. Nicht damit zu verwechseln, dass man sich von anderen auf der Nase herumtanzen lässt.

Jedoch gelingt es uns durch Toleranz, dass wir sowohl unsere Meinung und Sicht der Dinge als auch die Haltung von anderen respektieren können.

So entsteht Frieden. Tolerant zu sein erfordert sehr viel Gleichmut. Mit einem Augenzwinkern sehen wir über die Fehler und Unzulänglichkeiten der anderen hinweg. Wir explodieren nicht gleich, wenn uns etwas gegen den Strich geht.

Tolerant zu sein, bedeutet, dass ich den anderen so sein lassen kann, wie er ist.

Ich kann meinen Kollegen ebenso tolerant behandeln wie meine Kinder. Ich kann meinem Partner gegenüber tolerant sein.

Das erfordert eine Menge persönlicher Stärke.

3. Der Lebenskünstler geht bewusst neue Wege, die er noch nicht kennt. Er scheut nicht das Risiko.

Menschen, die fest in ihrer Komfortzone verwurzelt sind, können wir mit Schiffen vergleichen, die nur im Hafen liegen.

Das Leben spielt sich nicht in der Komfortzone ab. Das Schiff möchte hinaus aufs offene Meer. Natürlich bekommt es dadurch einige Kratzer und Schrammen, womöglich erleidet es sogar Schiffbruch. Es kann jedoch spannende Dinge aus seinem Leben erzählen.

Menschen, die alles monoton aus Gewohnheit und äußeren Zwängen tun, können niemals ein Lebenskünstler werden.

Sie spüren schon gar kein Leben mehr in sich.

Sie sind innerlich tot. Sie sitzen lediglich ihre Lebenszeit ab.

Wie schrecklich!

Natürlich gibt es in der Risikozone Rückschläge und Frustrationen.

Sogenannte „Misserfolge", die es in Wahrheit gar nicht gibt, können einen Lebenskünstler nicht aufhalten.

Ereignisse werden von uns oft als Misserfolge bewertet, die sie bei späterer Betrachtung überhaupt nicht sind.

Es werden Fehler gemacht werden, die wichtig sind. Denn wir lernen nur durch Fehler.

Fehler gehören zu unserem Leben dazu.

Doch möchten Sie später anderen von einem Leben erzählen, in dem Sie keine Fehler gemacht haben?

Es ist spannend, das Leben in der Risikozone zu spüren!

In einem Arbeitsplatzwechsel, einer Trennung, einer Scheidung, einem Wohnsitzwechsel, in dem Entschluss, sich selbständig zu machen, liegt immer ein Risiko.

Doch wer nicht wagt, der nicht gewinnt!

Auf geht's! Packen Sie's an! Sie schaffen es!

4. Der Lebenskünstler vertraut sich und seinen Fähigkeiten.

Egal, ob Sie in einer Fabrik am Fließband arbeiten oder im Chefsessel eines Konzerns Platz genommen haben, Sie können immer ein Lebenskünstler sein.

Immer dann, wenn wir mit uns in Kontakt sind, wenn wir nicht glauben, was wir denken, wenn wir uns nicht von unseren Gedanken versklaven lassen und unsere Gefühle als echt und wertvoll annehmen, dann sind wir Lebenskünstler.

Das Vertrauen in uns und in die Welt, die uns umgibt, erlernen wir normalerweise als Kleinkind. Wir nennen es Urvertrauen, ohne das ein seelisch und körperlich gesundes Leben nicht möglich ist.

In verlässlichen Beziehungen zu Menschen, die uns bedingungslos lieben und annehmen, wie wir sind, bekommen wir Vertrauen geschenkt.

Die Welt kann ohne Vertrauen nicht überleben.

Überall, wo Misstrauen und Kontrolle überwiegen, sei es in Familien oder in Firmen, werden die Menschen unglücklich sein und Fluchtwege suchen.

Wir können uns nur dann selbst vertrauen, wenn wir unsere Fähigkeiten und Talente kennenlernen, wenn wir uns ausprobieren und testen durften. Daher kann ich nur allen Eltern raten:

Lassen Sie Ihre Kinder viele Dinge ausprobieren.

Kinder, die ängstlich erzogen wurden, denen immer gesagt wurde, was sie machen sollen, wie viel sie lernen sollen und wie sie sich wann zu verhalten haben, werden am Ende überhaupt nichts hinbekommen.

Sie werden keine eigenständigen Entscheidungen treffen können. Und Sie wissen nicht, was sie mit ihrem Leben anfangen sollen.

Das Vertrauen in uns und in unsere Fähigkeiten lässt uns stark sein. Nicht arrogant und nicht überheblich – einfach überzeugt von uns, ohne damit vor anderen angeben zu müssen.

Angeber, die sich mit ihrem Status, Geld und Besitz brüsten müssen, sind Schwächlinge.

Lebenskünstler werden sich niemals vor anderen aufspielen. Sie haben einen unerschütterlichen Selbstwert, der keiner Zustimmung von außen bedarf.

5. Der Lebenskünstler überfordert sich nicht.

Menschen, die rund um die Uhr arbeiten, sich zu immer noch mehr überreden lassen, die Sklaven ihrer Vorgesetzten sind, nicht NEIN sagen können, sind arme, schwache Wesen.

Sie können keine Lebenskünstler sein.

Ein Lebenskünstler sagt gerne NEIN, ohne sich verteidigen zu müssen. Wenn er spürt, dass ein NEIN ein JA zu sich selbst ist, dann wird ihm dieses NEIN guttun.

Ich kenne viele versklavte Geschäftsführer und Unternehmer, die mir immer erklären, sie werden gebraucht, es gäbe keine Alternative und ohne sie ginge es nicht, und sich mit ihrem Verhalten ständig überfordern.

Sie sind natürlich nicht mit ihren Gefühlen in Kontakt, sie haben selten ein funktionierendes Privatleben.

Diese Menschen sind stark belastet – eben echte Sklaven.

Ein Lebenskünstler wird es immer spüren, wenn ihn irgendetwas überfordert. Ob im Privat- oder im Berufsleben wird er sofort reagieren, wenn er entsprechende Zeichen von seinem Körper bekommt.

Dabei macht er Vorgesetzten und Partnern klar, dass er noch lange leistungsfähig und gesund bleiben möchte.

Besonders viele Frauen überfordern sich ständig. Beruf, Kinder, Partner und Haushalt können Sie scheinbar einfach so im Vorbeigehen bewältigen.

Daher, liebe Leserinnen, sagen Sie bitte öfter NEIN. Es dankt Ihnen keiner, wenn Sie irgendwann krank zusammenbrechen.

6. Der Lebenskünstler hält sich nicht für wichtiger als andere. Er fügt sich in Gemeinschaften ein.

Der Dalai-Lama sagt von sich, er sei ein „Human Being", ein menschliches Wesen – nicht mehr und nicht weniger.

Wenn ich durch Unternehmen geführt werde, dann habe ich sehr oft den Eindruck, dass sich so mancher CEO, Geschäftsführer oder Unternehmer mit „Seine Heiligkeit" ansprechen lassen würde, wenn es nur möglich wäre.

Das Prahlen mit dem eigenen Status, Geld und Reichtum ist lächerlich. Wir alle sind Gast hier auf diesem Planeten. Keiner von uns kann irgendetwas mitnehmen, wenn er geht.

Und doch spielen sich manche so auf, als wären sie besonders wichtig.

Menschen (Männer ??) müssen scheinbar in künstlichen Hierarchien leben. Es muss offensichtlich immer einen Anführer, einen Silberrücken, geben, der den Ton angibt.

Alpha-Männchen können jedoch auch viel Elend und Leid über ihre Gruppe bringen.

Ich verzichte jetzt auf Namen aus der Geschichte der Menschheit, die Sie alle kennen ...

Konzerne, Staaten, Familien werden und wurden furchtbar zugrunde gerichtet, weil sich die Anführer überschätzt hatten. Das Sonnen im eigenen Glanz ist gefährlich.

Doch noch immer existieren größere und kleinere „Sonnenkönige", die nicht immer Ludwig heißen müssen. Diese Spaßfiguren werden jedoch niemals Lebenskünstler sein.

Leistungsfähige Unternehmen haben keine Leader an der Spitze, die anderen mit ihrem Imponiergehabe das Leben schwer machen.

Effektivität und Effizienz bedeuten, die richtigen Dinge zu tun und vor allem, die Dinge richtig zu tun.

Eine innovative Führungskraft soll die Teamentwicklung voranbringen, Personalentwicklung erfolgreich gestalten, Suchtverhalten von Mitarbeitern frühzeitig erkennen, Mobbing professionell entkräften, die Gruppendynamik steuern, Trennungsprozesse gestalten und Konflikte moderieren.

Der Lebenskünstler sieht sich selbst als Human Being, er kann sich gut in Teams und in Gruppen integrieren. Er spielt sich nicht auf. Durch seine natürliche Stärke und als Vorbild kann er andere überzeugen.

Daher ist er anerkannt und wird respektiert.

7. Der Lebenskünstler läuft nicht vor seinen Aufgaben davon.

Mit sich selbst in Kontakt zu sein, das eigene, wahre Selbst zu finden und zu leben sieht der Lebenskünstler als seine wichtigste Aufgabe an.

Denn nur dann kann er erfolgreich sein. Und glücklich. Der Lebenskünstler weiß das. Daher lässt er sich auch von Niederlagen und Verletzungen nicht von seinem Weg abbringen.

Ein Feigling zu sein, die eigenen Gefühle zu verdrängen und zu verleugnen ist dem Lebenskünstler fremd.

Es sieht seine eigenen, persönlichen Aufgaben im Beruf und im Privatleben.

In schweren Stunden hat er gelernt, nicht das für die Wahrheit zu halten, was seine Gedanken ihm einreden wollen.

Schmerzhafte Aufgaben gehören zu unserem Leben. Ein Lebenskünstler darf weinen. Er darf den Schmerz spüren. Er darf zweifeln. Doch tief in sich spürt er die Hoffnung. Und er schöpft neue Kraft und steht wieder auf.

In kleinen Schritten wird er alle Aufgaben lösen. Um dann am Ende glücklich, stolz und erfolgreich auf ein erfülltes, sinnvolles, gelungenes Leben zurückblicken zu können.

8. Der Lebenskünstler klammert weder an Menschen noch an Dingen.

Trennungen von geliebten Menschen gehören zu unserem Leben.

Menschen in Liebe loszulassen ist eine große Stärke, die nur Lebenskünstler begreifen.

Abschied zu nehmen, vergeben zu können und dennoch zu lieben bedarf eines friedvollen Geistes.

Doch auch Positionen, Arbeitsplätze, Titel, Besitz, Geld und Macht müssen wir loslassen, wenn die Zeit dafür gekommen ist.

Alles geht vorbei!

Die meisten haben panische Angst davor, ihre Arbeit oder ihr Geld zu verlieren.

In einem reichen Land braucht man Geld, um überleben zu können.

Das ist richtig, doch je mehr wir daran klammern, desto mehr wird es sich uns entziehen.

Menschen und Dinge kommen in unser Leben und sie gehen auch wieder, wenn der richtige Zeitpunkt dafür gekommen ist.

Oft hadern wir mit unserem Schicksal und verzweifeln, wenn wir etwas verlieren, das uns sehr wichtig war.

In solchen Momenten ist es uns unmöglich, in diesem Verlust noch etwas Positives zu sehen.

Doch das große Ganze ist weder positiv noch negativ. Es ist immer gut. Es ist immer richtig. Auch wenn wir das manchmal in diesem Moment noch nicht erkennen können.

9. Der Lebenskünstler hat den Mut, seine Schwächen zu akzeptieren.

Was sind Stärken, was sind Schwächen?

Die Stärken von heute können die Schwächen von morgen sein.

Wer beurteilt unsere Stärken und Schwächen? Personalchefs? Schulrektoren? Eltern? Wir sind, wer wir sind. Wir haben Neigungen, Begabungen, Interessen und genauso Desinteressen und Abneigungen.

Wir haben Talente, die wir fördern und ausbauen sollten, und wir haben genauso Themen, die uns weniger begeistern. Das ist die Vielfalt und Farbe der Menschen, bunt wie ein Blumenstrauß. In unserer Leistungsgesellschaft bekommen wir sofort ein schlechtes Gewissen und fühlen uns minderwertig, wenn jemand unsere „Schwächen" enttarnt. Wie unfair und oberflächlich!

Wir sollten zu unseren sogenannten „Schwächen" stehen, sie als ein Teil von uns anerkennen und in unser Leben integrieren und akzeptieren.

Der Lebenskünstler sieht seine Schwächen mit Humor und ist dauerhaft dabei, seine Stärken, also Talente und Begabungen, erfolgreich auszubauen und zu nützen.

Er vergeudet keine Zeit und Energie damit, gegen seine Schwächen anzukämpfen.

Er investiert seine Kraft in seine Stärken und Talente, um sich selbst noch stärker zu machen.

Darin liegt die Kunst. Jeder von uns kann erfolgreich sein. Jeder von uns hat die Chance, sich zu entwickeln.

Somit sollten Sie viel Zeit damit verbringen, um genau herauszufinden, wo Ihre Stärken liegen. Und zwar Ihre eigenen Stärken, die auch Sie für Ihre Stärken halten.

Ich meine nicht die Begabungen und Talente, die Ihre Eltern, Ihre Freunde oder Ihre Vorgesetzten für Sie ausgesucht haben.

Ihre individuellen Stärken machen Ihre einzigartige Persönlichkeit aus!

Ein Lebenskünstler kennt sich ganz genau. Und er arbeitet mit viel Leidenschaft und Begeisterung an seinen Stärken. Das macht ihn unverwechselbar und erfolgreich. Damit öffnet er alle Türen und erreicht all seine Ziele, die er sich vorgenommen hat.

10. Der Lebenskünstler fordert keine Liebe ein. Er verschenkt sie bedingungslos und im Überfluss.

Wenn ein Lebenskünstler Ihnen etwas schenkt, dann möchte er dafür nichts zurückhaben.

Er schenkt um des Schenkens willen.

Viele Menschen machen Geschenke aus Berechnung und erwarten dafür eine Gegenleistung.

Sie wollen dafür geliebt werden, sie wollen Anerkennung und ein Lob, wie großzügig sie sind.

Wenn Sie jemandem etwas schenken, dann sollten Sie es aus ganzem Herzen und mit Freude tun.

Wenn Sie etwas von jemandem wollen, dann sollten Sie den Mut besitzen, es ihm einfach zu sagen.

Genauso ist es mit der Liebe. Die Liebe ist kein Kuhhandel. Wenn Sie lieben, dann lieben Sie.

Ohne Forderungen, ohne Bedingungen, ohne Regeln und Abmachungen.

Die meisten Menschen schaffen das nicht. Daher funktionieren auch die meisten Partnerschaften nicht.

Ein Lebenskünstler genießt die Liebe. Wenn er ein Problem hat, dann spricht er es offen an.

Wenn sich das Problem auf lange Sicht für ihn nicht lösen lässt, dann hat er auch den Mut, sich zu trennen.

Manchmal ist eine Trennung besser als eine faule Partnerschaft, die zwanghaft am Leben erhalten wird. Dazu gehört allerdings Mut zur Ehrlichkeit und zur eigenen, subjektiven Wahrheit.

Intime, liebevolle, tiefe, ehrliche Beziehungen können wir erst dann führen, wenn wir keine Bedingungen mehr stellen.

Ein Lebenskünstler braucht keine Bedingungen. Er kann seinen Partner so annehmen und lassen, wie er ist.

11. Der Lebenskünstler lebt ohne Kontrolle und Manipulation.

Sie wollen Sicherheit? Sie wollen alles genau wissen? Sie wollen nicht betrogen, angelogen und hintergangen werden? Dann hören Sie auf, andere zu kontrollieren und zu manipulieren!

Je mehr Sie die Menschen um sich herum kontrollieren wollen, desto mehr werden Sie betrogen und angelogen.
Keiner lässt sich auf Dauer manipulieren.
Bauen Sie stattdessen Vertrauen auf.

Das können Sie nicht? Sie sind der Meinung, die Menschen wären schlecht und bestehlen Sie hinter Ihrem Rücken? Dann sind Ihre Gedanken schlecht!
Dann sehnen Sie sich genau diese Menschen herbei.

Wir können weder unsere Kinder noch unsere Lebenspartner oder unsere Mitarbeiter rund um die Uhr kontrollieren.
Ein Lebenskünstler ist sich darüber im Klaren und vertraut. Und merkwürdigerweise bekommt er von den Menschen Vertrauen zurückgeschenkt.

Wenn ich manipuliere, dann manipulieren die anderen mich.
Verzichten Sie darauf! Sie leben ruhiger und leichter.

12. Der Lebenskünstler stellt Fragen und hört anderen zu.

Wie oft fällt mir auf, dass die Menschen vollkommen aneinander vorbeireden. Die wenigsten Menschen können konzentriert und präsent zuhören. Beobachten Sie sich selbst und andere bei Geschäftsessen, in Meetings, daheim, mit Ihren Kindern oder während eines Familienfestes.

Geht es nicht meistens darum, sich vor anderen gut zu verkaufen? Wir meinen, wenn wir reden, dann sind wir Herr der Lage. Das ist aber leider nicht so.

Die Menschen, die wirklich zuhören können, sind vorne am Zug.

Daher stellt ein Lebenskünstler Fragen. Er ist wirklich interessiert. Er bestätigt seinem Gegenüber, wichtig für ihn zu sein. Er schenkt seinem Gesprächspartner seine volle Aufmerksamkeit. Er ist präsent und konzentriert am Gespräch beteiligt. Er lässt sich nicht von anderen Dingen ablenken.

Er stellt das Telefon leise.

Gespräche brauchen immer Zeit, im Privatleben wie auch im Berufsleben.

Hektische, oberflächliche Gespräche zwischen Tür und Angel bringen uns nicht weiter.

Sie können nur Smalltalk sein.

Für wichtige Gespräche setzen wir uns in Ruhe zusammen und schauen uns dabei in die Augen.

Ein Lebenskünstler weiß das. Er führt daher Gespräche höflich und interessiert.

Seine Fragen sind fundiert. Das gibt seinem Gegenüber ein gutes Gefühl.

Lebenskünstler sind daher geschätzte und begehrte Gesprächspartner. Die Menschen fühlen sich respektvoll behandelt und geben wiederum ihre Wertschätzung gerne zurück.

13. Der Lebenskünstler vertraut den Regeln und den Gesetzen des Lebens.

Alles in der Natur hat seine Gesetzmäßigkeiten. Es gibt Ebbe und Flut, je nach Aufenthaltsort Jahreszeiten, es gibt Wachstumsperioden und Zeiten der Dürre. Nach einem Gewitter scheint wieder die Sonne.

Leben kommt und Leben geht.

Jedes Lebewesen auf diesem Planeten lebt nach diesen Regeln, nur wir nicht.

Wir benehmen uns auf dieser Erde wie ein bösartiges Krebsgeschwür, das seinen eigenen Wirt umbringt.

Wir bedienen uns wie Parasiten an den begrenzten Ressourcen der Erde, wir beuten die Erde aus, wir roden die Wälder, fischen die Meere leer und verändern das Klima.

Wir sind die größte Bedrohung für diesen wunderschönen Planeten. Leider.

Der Lebenskünstler weiß, dass er hier auf dieser Welt ein Gast ist, und benimmt sich auch als solcher.

Wir wollen immer nur schnelles und größeres Wachstum – auf unseren Privatkonten genauso wie in unseren Unternehmen.

Über Egoisten und Egozentriker haben Sie in diesem Buch gelesen. Ein Lebenskünstler hat begriffen, dass es auch in seinem Leben magere Jahre geben kann, dass nach Erfolgen auch Rückschläge und Verluste drohen können. Er bezieht diese „Rückschläge" in sein Leben ein. Sein Selbstwert hängt jedoch nicht von diesen äußeren Dingen ab.
Seinen wahren Reichtum trägt er in sich: seine Talente, seine Fähigkeiten und sein Vertrauen in sich.

Mit diesem Reichtum wird er immer wieder erfolgreich sein.

Er sieht die Dinge, wie sie sind – vergänglich, im Kreislauf des Lebens.

Und er lässt los, wenn seine letzten Tage gekommen sind. Die Regeln des Lebens gelten für alle Menschen. Und es gab noch keinen, der etwas mitnehmen konnte, als er von dieser Welt gegangen ist.

Der Lebenskünstler fragt sich daher, warum sich viele unter uns so benehmen, als könnten sie sich eine Villa im Nirwana bauen.

14. Der Lebenskünstler hat begriffen, dass sich das Leben in der Gegenwart abspielt.

Blockierende Prägungen und Widerstände aus der Vergangenheit machen uns das Leben genauso schwer, wie Befürchtungen und Sorgen über die Zukunft.
Viel Energie wird verschwendet, weil wir keine Gegenwärtigkeit leben können.

Der Lebenskünstler ist im Kontakt zu sich selbst – er ist gegenwärtig. Er lebt hier, jetzt, im Augenblick – er kann bewusst sein.
Jetzt treffen wir Entscheidungen. Jetzt können wir unsere ganze Kraft einbringen. Jetzt spüren wir unsere Gefühle und hören unsere Gedanken.

Ein Lebenskünstler weiß, dass es keine Zukunft gibt. Für ihn ist die Gegenwart und nur die Gegenwart das Zentrum seines Wirkens.
Er lebt sein Leben bewusst. Er war unbewusst und transformierte sein Bewusstsein, das verlieh ihm Selbstbewusstsein, das verlieh ihm seine innere Stärke, das machte und macht ihn reich und erfolgreich.
Das macht ihn zum Vorbild für andere.

15. Der Lebenskünstler muss nicht immer etwas tun. Er erträgt sich selbst in der Stille und genießt die Ruhe.

Wie lange halten Sie es in einem Zimmer aus, in dem nur Sie allein sind – ohne ein Radio oder den Fernseher anzumachen?

Mit sich allein zu sein, ist für viele sehr schwer.

„Das ist doch langweilig", sagen viele.

„Warum soll ich so meine Zeit vergeuden?", sagen andere.

„Ich muss immer etwas tun, ich kann nicht einfach nur so rumhängen ..."

Ja? Ist das so?

Ein Lebenskünstler hält sich selbst aus.

Er hört sich selbst zu, lässt seine Gedanken kommen und gehen. Seine Gedanken sind für ihn interessanter als jede Nachrichtensendung im Fernsehen.

Er möchte wissen, was sein Verstand denkt.

Er möchte sich fühlen, spüren und beobachten.

Er gibt sogar seinem Schmerz Raum und Zeit, nimmt sich Zeit, um in der Stille zu weinen.

Er sitzt oder liegt ganz in Ruhe. Er hört nur noch seinen Atem.

Und wenn keine Gedanken kommen – herrlich! Dann ist er im Zustand von NO MIND, dann ist er ganz im Jetzt und Hier.

Denn Sie können niemals denken und im Augenblick sein. So schaltet er sein Ego, seinen Verstand immer öfter aus. Er spürt die Entspannung, die Ruhe, die durch seinen Körper fließt. Immer wieder kommen Gedanken. Sie dürfen kommen. Der Lebenskünstler verurteilt nichts. Er nimmt seine Gefühle war. Schöne Gefühle, unangenehme Gefühle – immer die richtigen, die echten, wahren Gefühle – seine Gefühle.

Zeit mit sich allein zu verbringen ist am Anfang schwer. Leistungssklaven sind meistens damit überfordert.

Sie können es jedoch trainieren. Und Sie werden nie mehr darauf verzichten wollen.

Der Friede ist in uns. Wir müssen ihn nur zulassen. Er liegt hinter unseren Gedanken.

Doch wenn wir es zulassen, kommt er auch zu uns.

16. Der Lebenskünstler lebt seine natürliche Stärke durch seine Integrität.

Lebenskünstler sind einzigartige Persönlichkeiten. Sie erkennen sofort, wenn ein Lebenskünstler vor Ihnen steht.

Sie werden ihn jedoch nicht an seiner Kleidung, an Labels, Uhren und Autos erkennen. Sie werden es spüren. Lebenskünstler können begeistern. Sie können andere für sich gewinnen. Sie können andere ermutigen. Lebenskünstler müssen keine Macht demonstrieren. Sie besitzen stattdessen die Stärke der Sanftheit.

Sie müssen weder cholerisch herumschreien noch andere aus Strafe ignorieren oder diktatorische Anweisungen geben.

Sie spüren die Integrität eines Lebenskünstlers. Sie ist einfach anwesend. Sie ist spürbar im Raum. Sie entfacht ein Feuer und weckt in den Menschen die eigene Lebendigkeit und Freude.

Genießen Sie es, mit Lebenskünstlern zusammen zu sein – Sie werden Sie inspirieren und begeistern.

17. Der Lebenskünstler lebt gelassen. Er hat Geduld mit sich und anderen.

Verständnis und Mitgefühl für andere zu haben, fällt vielen von uns sehr schwer.

Liebevoller Umgang mit anderen setzt voraus, dass wir unser Ego verlassen können. Dass aus unserem Ego-Ich ein WIR wird. Wir können nur dann gelassen mit anderen umgehen, wenn wir ein Interesse für andere haben. Es muss uns wichtig sein, dass es auch den anderen gut geht und nicht nur uns.

Das ist schwer, wenn der Wohlstandskuchen bröckelt und neu verteilt wird.

Ein WIR zu leben, bedeutet für uns, auch die anderen zu sehen. Sich einfühlen zu können in deren Situation und Lebensgeschichte.

Mit Gelassenheit und Geduld können wir die Welt verändern.

Ein Lebenskünstler hat daher Verständnis, wenn Menschen nicht so funktionieren, wie es für ihn gut wäre.

Er lässt die Dinge geschehen, da er sowieso nichts daran ändern kann.

Leistungssklaven sind meistens verbissen und verkrampft. Ihnen fehlt Gelassenheit und Geduld. Mit sich selbst und anderen.

18. Der Lebenskünstler kann mit seinen Anpeitschern umgehen.

Unser Ego, unser falsches Selbst, hat auch unsere Anpeitscher in uns hervorgebracht. Sie sind lieblos und streng.

Es ist die unsympathische Stimme in unserem Kopf:

„Ich muss noch schnell ...“

„Streng dich mehr an ...“

„Reiß dich zusammen ...“

„Mach das noch mal ...“

„Was hast du heute schon groß geleistet?“

Der Lebenskünstler kennt diese Stimme. Sie macht ihm keine Angst. Der Lebenskünstler weiß, dass diese Stimme nichts mit ihm zu tun hat.

Es ist die Stimme aus vergangenen Kindertagen, als man ihn erzogen und auf Leistung getrimmt hat.
Er kann heute gut mit dieser Stimme umgehen.
Sie flößt ihm keine Furcht mehr ein.
Der Lebenskünstler ist mit sich selbst in Kontakt. Er spürt seine Gefühle. Er kann sich vor seinem Anpeitscher schützen. Das macht ihn stark.

19. Der Lebenskünstler gestaltet seine Freizeit ohne Stress und zu viele Termine.

Unser Alltag steckt voller Termine. Wir werden von der Uhr gelebt. Ständiger Zeitdruck begleitet uns.
Der Lebenskünstler räumt sich bewusst Freiräume ein. Zeiten ohne Termine und Verpflichtungen.
Viele Menschen sind auch in ihrer Freizeit vollkommen verplant. Besuche hier, Termine dort. Hier ein Fest, dort eine Party. Sonntagmorgen um acht schon auf dem Fahrrad, nachmittags auf dem Grillfest bei Freunden.
Das ist schön. Doch alles in Maßen.

Unser Körper und unser Geist brauchen Auszeiten. Zeiten des Träumens und der Besinnung. Sich treiben lassen, die Seele baumeln lassen ist dem Lebenskünstler wichtig, dafür plant er feste Zeiten ein. Und die werden auch wirklich eingehalten und nicht verändert, um so neue Kraft und Energie zu schöpfen und den Aufgaben und Herausforderungen des Alltags fit und gesund gewachsen zu sein.

20. Der Lebenskünstler begleitet seine Kinder, anstatt sie zu erziehen.

Kinder müssen erzogen werden. Ohne Erziehung wird aus Kindern nichts. Kinder müssen gefordert und gefördert werden.

Kinder sollten so früh wie möglich anfangen zu lernen.

Wirklich?

Der Lebenskünstler weiß, dass Förderung und Erziehung von Kindern liebevoll geschieht.

Das Wichtigste für Kinder ist die Möglichkeit, einen gesunden Selbstwert bilden zu dürfen.

Ihre eigenen Stärken und Talente kennenlernen zu dürfen.

Lebenskünstler lassen sich daher auf ihre Kinder ein. Sie lernen von ihren Kindern und hören ihnen aufmerksam zu.

Kinder sind für Lebenskünstler bedeutende Gesprächspartner, die nicht arrogant oder überheblich behandelt werden.

Lebenskünstler schätzen die natürliche Klugheit von Kindern.

Sie staunen, wie viel Kinder mit auf diese Welt bringen. Sie geben ihren Kindern die Wärme und das Verständnis, das sie für ein gesundes Gedeihen brauchen. Lebenskünstler müssen ihre Kinder weder bestrafen, noch manipulieren, noch für Leistungen belohnen.

Lebenskünstler sind verlässlich für ihre Kinder da, sind Vorbild und Partner, geben Halt und Geborgenheit. Sie ziehen nicht an ihren Kindern herum. Sie fördern sie liebevoll und geduldig. Sie gönnen ihren Kindern viel Zeit zum Träumen und Wachsen. Sie achten darauf, dass der Terminkalender ihrer Kinder nicht zu voll ist.

Sie lassen ihnen Zeit – für sich und für ihre Gedanken und Gefühle. Denn Kinder haben den Kontakt zu sich selbst noch nicht abgebrochen. Dies zu erhalten, sollte unser wichtigstes Ziel sein.

Dann bekommen wir automatisch die starken, gesunden, leistungsfähigen Kinder, die wir uns wünschen.

21. Der Lebenskünstler kann sich selbst und anderen vergeben.

Vergebung – welch ein großes Wort!

Wie viel Leid und Schmerz müssen Menschen ertragen, weil sie ihren Eltern, ihren Ex-Partnern, ihren Kindern, ihren Kollegen, ihren Nachbarn, ihren Chefs nicht vergeben können.

Vergebung heißt nicht einfach, Entschuldigung sagen. Vergebung bedeutet in Wahrheit, dass ich mir darüber im Klaren bin, dass der andere nichts Falsches getan hat und dass meine Gedanken und meine Projektion dazu geführt haben, dass ich den anderen verurteile, beschuldige und vielleicht sogar hasse.

Vergebung heißt, dass ich im anderen weder eine Bedrohung noch einen Feind sehe.

Der Lebenskünstler hat erkannt, dass Probleme lediglich in ihm existieren und niemals außen. Das ist für viele schwer nachzuvollziehen, da es viel leichter ist, andere zu beschuldigen und für ihr eigenes Leid verantwortlich zu machen.

Der Lebenskünstler sieht sich im Zusammenspiel des großen Ganzen.

Daher ist niemals etwas Falsches passiert. Er akzeptiert, was geschieht, denn das ist die Wahrheit.

Der Lebenskünstler weiß, dass die Dinge nicht so sind, wie sie ihm erscheinen.

Daher sieht er in anderen Menschen seine Lehrer, die ihm zeigen, wo seine Verletzungen sind.

Unsere Gedanken lassen in uns eine Geschichte und ein Drama entstehen, die es in der Realität nicht gibt.

Daher können wir nur dann vergeben, wenn wir weder unsere Gedanken glauben noch unsere Geschichte, die unser Ego erfunden hat.

In Wahrheit ist alles gut. Wir können also verzeihen.

22. Der Lebenskünstler akzeptiert kein Gejammer.

Ich höre sie jeden Tag – die Chöre des Jammerns.

In Unternehmen genauso wie beim kleinen Tratsch im Treppenhaus oder Supermarkt.

Es hat sich inzwischen herumgesprochen, dass wir Deutschen ein Volk sind, das ständig und viel jammert und klagt.

Wahrscheinlich halten wir nur so unser Sklavenleben aus.

Am meisten klagen wir über unsere Politiker, gefolgt von den korrupten Managern und Bankern.

Dann jammern wir gerne über die Kollegen am Arbeitsplatz, über den Partner und die Kinder.

Wir jammern über steigende Preise, über Staus auf der Straße und die Unpünktlichkeit der Bahn.

Wir jammern über das schlechte Wetter genauso wie über das unmögliche Verhalten von Jugendlichen in Bussen und Bahnen. Wir schimpfen über die Ausländer. Wir jammern über eine Zukunft, die es noch gar nicht gibt.

Wir jammern über Krisen und Nöte, über Krankheiten und Verluste.

Ein Lebenskünstler jammert nicht. Er vergeudet damit keine Energie.

Er meidet Tratsch und Klatsch. Er geht weiter, wenn er auf Kollegen trifft, die jammern und schimpfen.

Ein Lebenskünstler sucht für sich nach Lösungen – und findet sie auch.

Warum jammern so viele erwachsene Menschen, obwohl sie doch so viel haben?

Vielleicht, weil sie sich selbst verloren haben?
Hören Sie auf zu jammern! Es bringt Sie nicht weiter!

Für einen Lebenskünstler bedeuten Werte sehr viel. Er integriert sie in sein Leben. Er hat begriffen, dass er in sich selbst etwas bewirken und verändern muss, um die Welt zu verändern.

Gelebte Dankbarkeit, Wertschätzung, Vertrauen, Mitgefühl, Großzügigkeit in materiellen und geistigen Dingen, Gelassenheit und Geduld zeigen anderen, dass er Verantwortung für sein Leben übernommen hat.

In Wahrheit sind wir alle eins. Jeder von uns ist hier zu Gast auf diesem Planeten. Wir sollten dies würdigen.
Warum stehen wir jeden Tag im Wettkampf mit den anderen?
Gibt es wirklich ein ICH und ein DU?
Haben wir in Wirklichkeit nicht alle dieselbe Sehnsucht nach Glück in uns?

Werden Sie ein Lebenskünstler – verlassen Sie den Kreis der jammernden Leistungssklaven!

Glück, Erfolg, Erfüllung, Zufriedenheit und Lebensfreude kommen nicht auf Bestellung zu uns – wir müssen etwas dafür tun.

Das Wichtigste ist, dass Sie mit sich in Kontakt bleiben.
Ihre Gedanken und Ihre Gefühle erschaffen Ihre Welt. Und Ihre Welt ist eine Geschichte – es ist nicht die Wirklichkeit.

Bringen Sie Ihr Leben in eine ausgewogene Balance – fangen Sie endlich an zu leben!

Leistungssklave zu sein ist sehr anstrengend.
Leistungssklaven haben sich selbst verlassen und suchen immer die Schuld bei anderen.

Sie können es schaffen! Sie können sich von Ihrem falschen Selbst, von Ihrem Ego, befreien!

Sie müssen es wollen und trainieren.

Genießen Sie das Glück eines Lebenskünstlers! Werden Sie ein Vorbild für Ihre Kinder, für Ihren Partner, für alle Menschen in Ihrer Umgebung.

Denn Sie wissen ja:

Ein Lebenskünstler sieht die Welt mit seinem Herzen, hört auf seinen Bauch und lässt sich von seinem Kopf beraten.

Ich wünsche Ihnen von Herzen ein glückliches Leben als Lebenskünstler!

Wenn nicht Sie die Welt verändern, wer sollte es sonst tun?

Ich danke Ihnen für Ihren Mut, wünsche Ihnen viel Erfolg beim Training hin zu einem glücklichen, erfolgreichen Leben!

Für Ihren weiteren Lebensweg ...

Liebe Leserin, lieber Leser,

wohnt nicht in jedem Ende bereits ein neuer Anfang?

Alte, eingefahrene Strukturen zu verlassen, ist manchmal mühsam und schwer.

Sie haben dieses Buch gelesen und sich mit SFM beschäftigt, weil Sie eine Unruhe und Unzufriedenheit in sich spüren.

Ich kann Sie sehr gut verstehen. Es kann einige Zeit vergehen, bis wir uns auf den Weg machen. Zu tief sitzen unsere Prägungen aus der Vergangenheit, zu sehr hat uns das Ego in seiner Hand.

Doch ich möchte Ihnen sagen, dass Sie einzigartig und wertvoll sind.

Sie sind ein Unikat, kein anderer Mensch hier auf diesem Planeten ist wie Sie!

Glauben Sie daher immer an sich! Sie sind etwas ganz Besonderes!

Erfüllen Sie all Ihre Träume! Sie haben es sich verdient! Verschenken Sie keine wertvolle Lebenszeit als Leistungssklave!

Besinnen Sie sich! Wollen Sie genau dieses Leben, das Sie zur Zeit führen, wirklich führen?

Bedenken Sie, dass nur Sie die Fähigkeit und die Macht besitzen, Ihr Leben zu gestalten.

Sprengen Sie die Sklavenketten!

Fühlen Sie in sich hinein und spüren Sie, was Sie wirklich wollen! Leben Sie keine Lügen!

Sie sind wunderbar! Sie sind stark! Sie sind frei!

Was ist ein erfülltes, gelungenes Leben?

Wenn Sie ständig Angst haben, etwas zu verlieren?

Ist es nicht viel wichtiger, Ihre tiefsten Sehnsüchte zu erfüllen? Zu lieben und geliebt zu werden? Gestalten Sie Ihr Leben, lassen Sie sich nicht einsperren! Weder in geistige noch in materielle Zwänge!

Überwinden Sie geistige Hindernisse!
Nehmen Sie die Herausforderung an!
Zweifeln und zögern Sie nicht!
Erledigen Sie Ihre Aufgaben mit Begeisterung, Präsenz, Konzentration und Leichtigkeit.

Gehen Sie in kleinen Schritten, trainieren Sie täglich.

Geben Sie die Hoffnung niemals auf!
Ihr Ego kann Sie nicht besiegen.
Ihre Seele kann niemand in Ketten legen.

Zu lange hatten Sie sich selbst verlassen.
Wenn Sie heute an der Lebenskreuzung stehen, sich Ihr Leben in Ruhe betrachten, dann entscheiden Sie sich für den Weg, der nach Hause führt – zu Ihren Wurzeln.

Denn dort wohnt Ihr wahres Ich. Es hat immer auf Sie gewartet. Es hat niemals den Mut verloren. Es gab Sie nie auf. All die Jahre war es da. Kehren Sie zu ihm zurück.

Und Sie werden sehen, Ihr Leben bekommt den Sinn, den Sie sich schon immer gewünscht haben.
Die Unruhe weicht einer inneren Stille und Güte.

Sie sind angekommen, bei sich zu Hause.
Das ist dauerhaftes Glück, das ist Zufriedenheit. Das ist das gelungene Leben, nach dem Sie sich immer gesehnt haben.
Genießen Sie Ihre wertvolle Lebenszeit.

Genießen Sie Ihr neues, starkes Ich.
  Genießen Sie sich selbst und Ihren Erfolg –
  als wahrer Manager Ihres Lebens!

Simone Langendörfer –
Botschafterin des Glücks